纪念恩格斯诞辰200周年

恩格斯《路德维希·费尔巴哈和德国古典哲学的终结》导读

——思想剥离与马克思主义哲学体系的确立

杨洪源　涂良川　董彪◎著

人民出版社

责任编辑：曹　歌

图书在版编目（CIP）数据

恩格斯《路德维希·费尔巴哈和德国古典哲学的终结》导读：思想剥离与
　马克思主义哲学体系的确立/杨洪源，涂良川，董彪 著 . — 北京：人民
　出版社，2020.11

ISBN 978－7－01－022570－8

I.①恩…　II.①杨…②涂…③董…　III.①《路德维希·费尔巴哈和德国古典
　哲学的终结》–恩格斯著作研究　IV.① A811.24

中国版本图书馆 CIP 数据核字（2020）第 205321 号

恩格斯《路德维希·费尔巴哈和德国古典哲学的终结》导读

ENGESI LUDEWEIXI FEI'ERBAHA HE DEGUO GUDIAN ZHEXUE DE ZHONGJIE DAODU

——思想剥离与马克思主义哲学体系的确立

杨洪源　涂良川　董　彪　著

人民出版社 出版发行

（100706　北京市东城区隆福寺街 99 号）

中煤（北京）印务有限公司印刷　新华书店经销

2020 年 11 月第 1 版　2020 年 11 月北京第 1 次印刷
开本：710 毫米 ×1000 毫米 1/16　印张：12.25
字数：116 千字

ISBN 978－7－01－022570－8　定价：48.00 元

邮购地址 100706　北京市东城区隆福寺街 99 号
人民东方图书销售中心　电话（010）65250042　65289539

目　录

导　言

恩格斯对马克思主义哲学体系的建构

　　综观马克思主义哲学的发展历程，体系建构同时作为前提与结果而存在。对于马克思主义哲学体系的建构，恩格斯从内容及形式两方面作出了极其重要的贡献。他不仅参与批判过去旧的哲学体系的僵化形式，即封闭的逻辑和僵化的系统，使哲学真正转变为开放的结构和动态的思想；而且通过思想论战等方式，以关于哲学基本问题的重新理解为起点，将存在论、认识论、辩证法和历史观内在地统一起来，使人们得以较为系统地把握马克思主义哲学，更好地用于认识和改造现实世界。

阐释"全部哲学的重大的基本问题"

如何对已经产生的理论成果作体系化的建构，其难度不亚于创立新的思想。体系建构者一方面须忠实于理论创立者的思想原貌，从错综复杂的阐述中厘清基本脉络、归纳主要意旨、概括重要逻辑；另一方面要诉诸大众化的语言形式而又不能降低思想的深度，使人们能够正确运用马克思主义哲学来解决现实运动的问题。纯粹的理论分析抑或漫谈式的摘录评述，都难以较好地达成上述目的。为此，恩格斯作了大量的工作，他通过整理和出版《资本论》第2、3卷，撰写与发表《反杜林论》《路德维希·费尔巴哈和德国古典哲学的终结》（以下简称《费尔巴哈论》）《自然辩证法》《家庭、私有制和国家起源》等一系列著作，实现了对马克思主义哲学体系的首次完整建构。恩格斯反复告诫人们，要注意他提出的各种具有较为普遍的理论价值或实践意义的问题，以及它们之间的内在联系。其中，最具有标志意义的当属提出并论证了思维和存在的关系问题。有别于杜林将对现实世界的意识的最高形式的原则作为哲学的研究对象，恩格斯通过系统地梳理全部哲学尤其是近代哲学发展的历史脉络，将思维和存在的关系问题从各种错综复杂的"斗争"形式中剥离出来，使之成为判定形形色色的哲学观点之损益的标准，为全面清算"旧的哲学信仰"提供了基本前提，彰显出马克思主义哲学的革命性、批判性、科学性、发展性。

夯实马克思主义哲学的存在论基础

任何一种哲学体系都实际地构筑于存在论之上，不论它是否明确阐释了自己的存在论的内容和作用。相较于创立马克思主义哲学之时强调现实历史的基础作用，"从物质实践出发来解释各种观念形态"①，恩格斯在具体构建马克思主义哲学体系时，更为侧重对一般的世界观及自然观的系统论述，使马克思主义哲学的存在论基础具备了完整的形态。

这些论述虽然以批判的形式出现，但会随着批判的性质变化（从消极的否定到积极的肯定），转化为理论的比较连贯的正面阐述。首先，明确提出世界的真正统一性在于它的物质性、思维和意识皆为人脑的产物。这种物质性是从哲学和自然科学的长期持续发展中得出的。将物质的概念及客观存在性，从各种特定的、实存的物质的总和中抽象出来，克服了旧的唯物主义把物质仅仅理解为笼统的自然或某种具体存在的弊端。其次，详尽考察了物质和运动、时间和空间等的相互关系。就物质的存在方式及基本属性这个一般意义而言，运动囊括了从单纯的位置变动到思维的

---

① 《马克思恩格斯选集》第 1 卷，人民出版社 2012 年版，第 172 页。

全部变化和过程。自然界中的运动可以划分为机械运动、物理运动、化学运动和生命运动，它们之间既相互区别又相互统一。只有对于各种特定的运动形式来说，任何的静止与平衡才是有意义的。同样，时间和空间作为一切存在的基本形式，是无限和有限的对立统一关系。除此之外，恩格斯还进一步揭示了物质世界的普遍联系与永续发展等。

强调现实世界的可知性原则及作用

思维与存在的关系的另一方面是这两者的同一性问题，包括可知论与不可知论。正如恩格斯所说："我们关于我们周围世界的思想对这个世界本身的关系是怎样的？我们的思维能不能认识现实世界？我们能不能在我们关于现实世界的表象和概念中正确地反映现实？"① 针对各种不可知论的"大行其道"，以及德国古典哲学对它们的无力批判，恩格斯进一步发挥了马克思关于观念的形成和认识的真理性等观点，明确将现实世界的可知性原则及作用，视作构建马克思主义哲学体系的主要任务之一。他认为，从实践出发即可令人信服地终结康德的不可捉摸的"自在之物"。

只须列举科学发展和生产实践中的一些重大发现，如茜素、

---

① 《马克思恩格斯选集》第 4 卷，人民出版社 2012 年版，第 231 页。

哥白尼太阳学说，便能使不可知论及其各种理论变种不言自灭。包括新康德主义在内的不可知论，是彻头彻尾"羞羞答答"的唯物主义。他们在肯定整个自然界受客观规律所支配的同时，却又无法排除已知世界之外的最高存在物的可能；其以感性认识的无法证明真伪为基本依据的论证，看似无懈可击，实则完全忽视了行动即实践之于感性认识的前提作用。当然，强调现实世界的可知性绝不意味着思维的绝对至上。在本性、使命、可能和历史的终极目的等普遍的意义上，思维的认识能力是无限的；按其个别性即在思维着的个人中实现来说，它又是有限的。永恒真理的情况亦然。无限与有限、一般与个别的辩证关系，成为诠释可知论原则的重要中介。

揭示各种历史因素之间的相互关系

按照唯物史观的经典表述，物质生产及生产关系的总和，是人类历史赖以进步的基础和全部历史发展的本质所在。这一基本观点的形成，与对德国观念论哲学的"纠偏"密切相关。换言之，出于反驳其论敌的需要，马克思和恩格斯时常不得不强调前者所普遍否定的经济因素对社会历史的决定作用。如此一来，唯物史观不可避免地被人们误解以致"过犹不及"："我们大家首先是把重点放在从基本经济事实中引出政治的、法的和其他意识形态的观念以及以这些观念为中介的行动，而且必须这样做。"①

有见及此，恩格斯重点阐释了影响社会历史发展的各种因素的相对独立性和相互作用，极大地丰富了唯物史观的内容及适用性。以国家的起源及发展为例，现实生活的生产和再生产特别是履行社会发展所需的共同职能的分工，从根本上决定了国家的形成。与此同时，上述经济运动必定要受到其确立的独立政治运动的反作用，即国家权力以及与之相伴而生的反对派的反作用。这些反作用可分为正向的、反向的和其他的情况；它们或是推动社会经济的发展，或是造成人力和物力的巨大浪费，甚至粗暴地毁灭经济资源。同理可知，各种法的观点与制度不仅必须适应于总的经济状况，而且自生效之时即已在一定限度内改变着经济基础。此外，哲学、宗教等"悬浮于空中"的思想领域虽然无法脱离经济基础的归根结底的决定作用，但由于其独立性和传承性而将经济的决定作用限定于思想自身所规定的条件范围，使得"经济上落后的国家在哲学上仍然能够演奏第一小提琴"②。

确证辩证法的世界观和方法论意义

综观恩格斯对哲学的重大基本问题、存在论、认识论、历史

---

① 《马克思恩格斯选集》第 4 卷，人民出版社 2012 年版，第 642 页。
② 《马克思恩格斯选集》第 4 卷，人民出版社 2012 年版，第 612 页。

观的解释，贯穿着一条清晰的主线即辩证法。基于对德国古典哲学中的辩证法思想的批判改造，恩格斯详尽论述了辩证法作为世界观和方法论，在自然界、社会历史、人类思维等领域的普遍意义，以及各种特殊的表现形式。

举凡：通过梳理天体演化到生命形成直至人类产生的过程，证明了自然界的一切归根结底是辩证地而非形而上学地运行着；批判了形而上学思维方法与自然科学的辩证性质及发展水平之间的不相适应，以此阐明逻辑与历史相统一的原则、人的思维过程中抽象与具体的辩证统一关系；指明了概念的本质在于其客观性和辩证性，并非人类精神的纯粹的"自由创造物和想象物"；根据立足于经验基础之上的认识的不断深化过程，扬弃了判断作为思维形式自身的发展的同一性，使之区别为普遍判断、特殊判断、个别判断；突破了推理所局限的归纳和演绎等基本形式，将其归结为由各种形式之间的复杂关系构成的一个整体；揭示了辩证法规律之为历史发展和思维本身的最一般规律，凝练出质量互变规律、对立统一规律和否定之否定规律；考察了有限和无限、相对和绝对、个别和一般、同一和差异、原因和结果等基本范畴，概括了主观辩证法与客观辩证法的内涵及相互关系……这些观点既克服了黑格尔辩证法囿于绝对精神的自我发展的缺陷，又扬弃了德国古典哲学缺乏对事物发展的真正动力的认识的弊端。

综上所述，恩格斯对马克思主义哲学体系的建构所做出的不可磨灭的功绩，使其"第二小提琴手"的自我认同实至名归。事实远远胜于雄辩，一些看起来很强烈的批评声音，诸如"马克思恩格斯对立论"、唯物史观的"人学空场"、恩格斯对马克思诠释的"心有余而力不足"、马克思主义哲学教条化的"最好例证"等，皆可以在恩格斯的上述贡献面前不攻自破了。

第一章

《路德维希·费尔巴哈和德国古典哲学的终结》的创作缘起

在马克思主义哲学的发展历程中，既有马克思《关于费尔巴哈的提纲》（1845）这样的"包含着新世界观的天才萌芽的第一个文献"①中，对费尔巴哈哲学的批判；又有马克思和恩格斯合著的《德意志意识形态》（1845—1846）中，对以费尔巴哈为首的青年黑格尔派的"思想清算"。那么，恩格斯缘何于1886年还要重回费尔巴哈的哲学问题呢？他对此解释道，虽然重新讨论费尔巴哈已是40多年以后的事情，但是他"感到越来越有必要把我们同黑格尔哲学的关系，我们怎样从这一哲学出发又怎样同

---

① 《马克思恩格斯选集》第 4 卷，人民出版社 2012 年版，第 219 页。

它脱离，作一个简要而系统的阐述"①。"在我们的狂飙突进时期，费尔巴哈给我们的影响比黑格尔以后任何其他哲学家都大。"② 这样，才有人们今天看到的《费尔巴哈论》。

第一节　清算旧哲学信仰的夙愿

清算旧的哲学信仰，是马克思和恩格斯的重要的理论任务和思想活动。面对这个任务，首先需要回答两个基本问题：其一，青年时代的马克思和恩格斯，已经进行过对旧哲学信仰的清算，为什么40年多年以后还需要继续清算呢？究竟是当时的清算不够彻底，还是现实境况发生了改变需要进行重新清算呢？其二，为什么清算旧哲学信仰一定要选定费尔巴哈呢？对费尔巴哈哲学的清算到底是要扫清青年黑格尔派的哲学遗留，还是从对费尔巴哈的清算中重新深入阐释哲学变革呢？

众所周知，马克思和恩格斯要清算旧哲学的直接对象是青年黑格尔派。青年黑格尔派哲学是以激进的方式对德国古典哲学最后的发展，在当时被推崇为"新式百科全书派和德国革命的英

---

① 《马克思恩格斯选集》第4卷，人民出版社2012年版，第218页。
② 《马克思恩格斯选集》第4卷，人民出版社2012年版，第218页。

雄"①。对于这种表现为"激进主义"和具有"反抗精神"的精神，马克思和恩格斯是极受鼓舞的。所以，他们最初对自己一夜之间成为青年黑格尔派，感到欢呼雀跃。

然而，青年黑格尔派哲学却是德国现状与思想观念相悖这个"时代上的错误"的理论表达，他们的整个哲学都只是以宗教批判为主要对象和形式。因此，青年黑格尔派不仅把资产阶级的社会问题转变成了意识形态问题，还将上帝还原成人，恢复了人的主体性，创造一种同主体自身内在矛盾的主体性哲学，达到马克思主义哲学创立之前的主体哲学的最高峰。

青年黑格尔派以理论形式从事与参与实践斗争的事实，未能形成破解现实问题的答案，这让年轻的马克思和恩格斯非常不满。当马克思从青年的激进民主主义立场接受青年黑格尔派哲学，到发现德国历史的现实与青年黑格尔派哲学之间的"时序错误"之后，就转向了社会主义。此时，在马克思那里，已经埋下了从现实经验出发来检验与超越旧哲学的"种子"。

马克思青年时代创作的《关于费尔巴哈的提纲》、马克思和恩格斯首次合作完成的《神圣家族》，标志着唯物史观创立的《德意志意识形态》等著作，都是对旧哲学的清算。当然，这些清算工作有一个不可忽略的基本特点，那就是马克思和恩格斯对资本

---

① ［英］戴维·麦克莱伦：《青年黑格尔派与马克思》，夏威仪译，商务印书馆 1982 年版，第 25—26 页。

主义这一现代历史现实的研究尚未具体展开，对于资本主义宰制逻辑的研究不够具体，对政治经济的批判还不全面。在前提不够完善的情况下进行的清算，具有一定的哲学的深度和思想的广度，同时又极有必要再次回来深入下去。

恩格斯在对旧哲学进行清算中之所以以费尔巴哈为直接对象，一方面在于费尔巴哈在青年黑格尔派中的重要影响，另一方面则在于费尔巴哈对马克思和恩格斯的重要影响。这里有一个事实，必须提及并重视，那就是《神圣家族》的问题。虽然他们在这一著作中提出的"思辨结构的秘密""人的异化""唯物主义史""社会主义和共产主义"等问题，深深地影响着马克思和恩格斯后来的思想道路和革命实践，但是他们始终没有就上述问题对费尔巴哈进行深入批判。

早在 1839 年，费尔巴哈发表了被称为费尔巴哈哲学的"真正诞生地和秘密"的《黑格尔哲学批判》，用"发生学观点的批判哲学"否定和批判了德国古典哲学的意志内在性问题，建构了人本学和自然学，用科学的唯物主义凸显了经验主义。费尔巴哈的重大哲学成就深深地吸引了马克思和恩格斯。正所谓"爱之弥深，恨之弥切"，马克思虽然在费尔巴哈哲学思想和方法论的影响下，转向对政治经济学和市民社会的深入研究中，但他也发现费尔巴哈哲学中的"经验"和"类"，不过是没有人活动的经验和抽象的"类"。于是，也就有了《关于费尔巴哈的提纲》这样"包含着新世界观的天才萌芽的第一个文献"①，有了《德意志意识形态》中长篇幅的对费尔巴哈的批判。

青年时代的马克思和恩格斯，与费尔巴哈之间"接触—学习—崇拜—运用—反思—批判—扬弃—超越"的思想历程表明，费尔巴哈哲学对于他们而言，既是解决现实困难的理论方法，又是产生思想困惑的理论观念。因此，对于费尔巴哈的思想清算，不是一个提纲、一部著作就能够彻底完成的，而是必须进行系统且深入的批判。

1842 年至 1843 年初，作为《莱茵报》编辑的马克思，在"第一次遇到要对所谓物质利益发表意见的难事"②之时，费尔巴哈不期而至的《关于哲学改造的临时纲要》给予马克思以理解现实最重要的哲学思想和理论方法。这就不难理解，为什么恩格斯后来说"我们一时都成为费尔巴哈派"了。尔后，费尔巴哈"唯物主义人本学"与马克思主义哲学的第一次决裂，发生在《关于费尔巴哈的提纲》中。马克思虽用"实践活动的唯物主义"③与"唯物主义人本学"区别开来，却没有在这个提纲中具体清算费尔巴哈的旧哲学。

到了 1845 年开始创作的《德意志意识形态》中，马克思和

---

① 《马克思恩格斯选集》第 4 卷，人民出版社 2012 年版，第 219 页。
② 《马克思恩格斯选集》第 2 卷，人民出版社 2012 年版，第 1 页。
③ 《马克思恩格斯选集》第 1 卷，人民出版社 2012 年版，第 136 页。

恩格斯进一步用"社会发生学"的唯物史观，批判了费尔巴哈旧哲学与"新唯物主义"的分裂及对立，实现了对费尔巴哈旧哲学的超越，完成了从解释世界到改变世界的哲学转变。马克思对他们当时的上述思想清算作了这样的概括："自从弗里德里希·恩格斯批判经济学范畴的天才大纲（在《德法年鉴》上）发表以后，我同他不断通信交换意见，他从另一条道路（参看他的《英国工人阶级状况》）得出同我一样的结果。当 1845 年春他也住在布鲁塞尔时，我们决定共同阐明我们的见解与德国哲学的意识形态的见解的对立，实际上是把我们从前的哲学信仰清算一下。这个心愿是以批判黑格尔以后的哲学的形式来实现的。"① 当然，他们由于此时没有具体地展开唯物主义视域下人的存在逻辑，而留下了需要进一步清算的理论任务。

在 1865 年 1 月 25 日给约·巴·施韦泽的信中，马克思这样说道："和黑格尔比起来，费尔巴哈是极其贫乏的。但是，他在黑格尔以后起了划时代的作用，因为他强调了为基督教意识所厌恶而对于批判的进步却很重要的某几个论点，而这些论点是被黑格尔留置在神秘的朦胧状态中的。"② 马克思对费尔巴哈既批判又褒扬的矛盾，与其说是马克思辩证地把握了费尔巴哈的哲学功绩，倒不如说他时刻都不曾忘记对费尔巴哈进行哲学清算之于弄

---

① 《马克思恩格斯选集》第 2 卷，人民出版社 2012 年版，第 3—4 页。
② 《马克思恩格斯选集》第 3 卷，人民出版社 2012 年版，第 13 页。

清楚现实问题的重要性。

此后很长时间内，马克思和恩格斯忙于社会主义革命的实践和对资本主义的具体批判，而一再将清算旧哲学的夙愿搁置，直到现实的需要再次提及这一思想任务时，才有了恩格斯1886年重回清算任务的《费尔巴哈论》一书。恩格斯这样说，"我也感到我们还要还一笔信誉债，就是要完全承认，在我们的狂飚突进时期，费尔巴哈给我们的影响比黑格尔以后任何其他哲学家都大"①。由此可见，这一思想清算与其说是他们与费尔巴哈在理论上划清界限，倒不如说是在新现实条件以重新审视曾经走过的历程，阐发在他们深入历史的一度中时对自身思想的创新性发展。

第二节 回应思想争论的紧迫需求

随着马克思主义影响力的逐渐扩大，关于这一理论的误解与争论也不断产生。澄清思想、回应争论、创新发展一直是马克思主义发展史上重要的理论任务与实践工作。因此，在无产阶级与资产阶级关系呈现新特点、新康德主义和折中主义影响马克思

---

① 《马克思恩格斯选集》第4卷，人民出版社2012年版，第218页。

主义发展与传播的前提，恩格斯重拾清算旧哲学信仰的"夙望"、展开思想的回应，无疑是非常必要的。

作为反对无产阶级运动蓬勃发展、维护资产阶级统治地位的德国新康德主义和新黑格尔主义，在19世纪80年代的兴起，从理论上把马克思主义如何回应争论的问题又一次推到了风口浪尖。现实的矛盾与理论的争论，均需要马克思主义作出理论上的回应。1883年3月14日马克思的逝世，回应争论的重任自然就落到了"第二小提琴手"恩格斯的肩上。

对于当时思想理论的状况，恩格斯如是概括，"德国的古典哲学在国外，特别是在英国和斯堪的纳维亚各国，有某种复活。甚至在德国，各大学里借哲学名义来施舍的折中主义残羹剩汁，看来已叫人吃厌了"①。虽然恩格斯的这一批判，是直接指向当时德国的折中主义，以及新康德主义对马克思主义传播的阻碍，但他却把理论回应的对象，定位于施达克在1885年出版的著作《路德维希·费尔巴哈》。恩格斯的这一选择是值得认真思考的。其所以如此，就在于费尔巴哈唯物主义的形象与德国古典唯物主义区别开来，并关系到如何深刻理解他和马克思共同创造的作为无产阶级世界观的新唯物主义。也正是如此，不难体会恩格斯《费尔巴哈论》以"黑格尔—费尔巴哈—马克思"为叙述逻辑的深刻

---

① 《马克思恩格斯选集》第4卷，人民出版社2012年版，第218页。

含义。

源起于 19 世纪 60 年代的新康德主义，在十余年间即已占据了德国哲学的讲坛，成为流行的哲学理论。无论是早期的奥托·李普曼、弗里德里希·阿尔伯特·良格，还是马堡学派的赫尔曼·柯亨和保罗·纳托普照，以及弗莱堡学派的威廉·文德尔班和海因里希·李凯尔特等，无一不贬低黑格尔，纷纷号召"回到康德"。新康德主义如日中天的影响，及其对黑格尔的理论态度，使得恩格斯重回清算旧哲学思想的理论夙愿。这是因为，他和马克思的哲学与黑格尔哲学之间的关系一直是他们不断提及的重要问题。借此理论回应的机会，重新阐释对马克思主义哲学的理解也就是自然而然的事情。恩格斯这样表达自己的想法，"在这种情况下，我感到越来越有必要把我们同黑格尔哲学的关系，我们怎样从这一哲学出发又怎样同它脱离，作一个简要而又系统的阐述"①。

这里特别需要提及的是，李普曼、朗格等人早期只注重康德的理论哲学而由此带来的思想混乱和消极影响。其中，李普曼的《康德及其模仿者》（1865），直接号召回到康德的主观唯心主义和不可知论。朗格在《唯物主义史》（1866）中，指责唯物主义在神学和迷信领域中的滥用；他的《工人问题及其在现实和将来

---

① 《马克思恩格斯选集》第 4 卷，人民出版社 2012 年版，第 218 页。

的意义》（1865）一书，则用马尔萨斯的理论为资本主义的自然永恒性作论证。早期新康德主义的以上观点，一方面直接抛弃了康德哲学中的进步性，把康德哲学解释成一幅唯心主义面孔；另一方面则将理论的矛头直接对准了马克思主义的历史唯物主义，带来了极坏的影响。

1865年3月11日，恩格斯在致马克思的信中，特别批判了朗格的新康德主义对马尔萨斯和达尔文的歪曲："济贝耳把朗格的小册子寄给了我。写得非常混乱，是马尔萨斯主义和达尔文主义的混合物，极力向各方面卖弄风情。"① 该年3月29日，恩格斯直接写信给朗格，他直抒胸臆地讲，"在我第一次读达尔文的著作时，我也曾经由于他对动植物生活的描述同马尔萨斯的理论异常相似而感到惊奇。不过我得出了和您不同的结论，我认为：对现代资产阶级的发展来说，最可耻的是它还没有超出动物界的经济形式。"② 一个月中的两封信提及同一个问题绝非偶然，这表明新康德主义在当时的发展，已经明确地呈现出对理论和实践的危害了。

此后，第二国际修正主义的重大影响再次印证了恩格斯的忧虑的正确性。1883年，考茨基创办了《新时代》杂志，并在恩格斯准备撰写《家庭、私有制和国家的起源》的同时发表具

---

① 《马克思恩格斯全集》第31卷，人民出版社1972年版，第98页。
② 《马克思恩格斯全集》第31卷，人民出版社1972年版，第469页。

有达尔文主义味道的文章来论证动物和人类社会世界相不通的问题。特别是伯恩施坦从 1897 年开始在《新时代》上撰写的一系列有关社会主义运动状况和未来政策的文章，更加体现了新康德主义不可知论对社会主义阵营内部的重大影响。当然，还有后来的西南学派的价值哲学、马堡学派的逻辑唯心主义对非理性思潮的发展等都为 20 世纪的社会主义运动带来了不可估量的消极后果。

在新康德主义兴起的同时，还有新黑格尔主义的在北欧的盛行。然则，新黑格尔主义却并没有从根本上理解黑格尔哲学，只是在黑格尔哲学的地基上，在"抽象"与"具体"对立的前提下阐释黑格尔哲学。斯特林的《黑格尔的秘密》（1865）一书提出，"理智的抽象使我们看不到现实事物的这个条件，我们主要生活在这些理智的抽象之中，所以无法深入和接受黑格尔的具体原则"①。这一对黑格尔辩证思维的疏离，根本无法把握黑格尔"作为思想中的时代"之哲学的根本精神。而在芬德莱的《黑格尔再考察》中，则把黑格尔定位为一个"反形而上学者、经验论者、唯心论者和辩证法家"，是"一个革新式的哲学家、一个自由的人道主义哲学家，一个始终坚持温和的革命立场的哲学家"②。更

---

① 张世英主编：《新黑格尔主义论著选辑》，商务印书馆 1997 年版，第 27 页。
② 张世英主编：《新黑格尔主义论著选辑》，商务印书馆 1997 年版，第 517、525 页。

为重要的是，新黑格尔主义还试图把黑格尔纳入由康德所开创的唯心论传统之中。克罗纳认为，虽然康德的理念与黑格尔的理念意指有别，但是用语一样则意味着实质相同。

新黑格尔主义的兴起，直指作为马克思主义重要理论来源的黑格尔哲学。而由新黑格尔主义所阐释的黑格尔，则是将黑格尔辩证法形而上学本质凸显化、客观唯心主义非理性化，是伦理学与国家学说保守内容调和化的产物。新黑格尔主义所谓的对黑格尔主义的继承，不过是以经验主义和现代非理论主义对黑格尔客观唯心主义的解读的"变种"。以绝对唯心主义的世界观与方法论来夺取历史唯物主义对工人运动的理论领导权，致使工人运动偏离改变社会方向，走向改良主义的歧路。

新康德主义和新黑格尔主义的上述发展，体现了当时德国的一个重大思想转变："这个民族坚决摒弃了在柏林老年黑格尔派中陷入困境的德国古典哲学。"① 新康德主义和新黑格尔主义，都不约而同地走向唯心主义与不可知论。理论发展的现实与当代工人运动的情势，就让恩格斯必须重新关注他和马克思早年"一时间都成为费尔巴哈派"的事实。

从理论发展的整体逻辑上看，这一时期德国哲学发展已然发展为，折中主义、新康德主义和新黑格尔主义占据了黑格尔哲学

---

① 《马克思恩格斯选集》第 3 卷，人民出版社 2012 年版，第 875 页。

解体之后的思想地盘。青年黑格尔派曾有的理论贡献，也被新康德主义的理论"绚丽"和新黑格尔主义的经验"吸引"所完全掩盖了。马克思和恩格斯在其青年时代，只注重划清与黑格尔哲学之间立场差异的思想清算，也必须作进一步反思了。换句话说，青年时代的他们对黑格尔哲学某一个方面的清算，只是从属于当时理论和现实研究的需要和程度。在斗争情势完全变化的19世纪80年中后期，有必要重新清算以费尔巴哈为代表的青年黑格尔派哲学思想。正如恩格斯所说："从那时起已经过了40多年，马克思也已逝世，而我们两人谁也没有过机会回到这个题目上来。关于我们和黑格尔的关系，我们曾经在一些地方作了说明，但是无论哪个地方都不是全面系统的。"①

由此看来，面对工人运动的新情况、马克思主义传播发展的新问题和德国及欧洲理论发展的新动态，恩格斯从黑格尔哲学开始，到费尔巴哈"半截子的唯物主义"，再到他们共同创建的历史唯物主义的理论回应，绝非一个简单的学术思想阐释的工作，而是时代精神阐明的工作。恩格斯《费尔巴哈论》所表达出来的论证逻辑，就是一个直面时代问题、面对理论困难、表征马克思主义时代精神的重要的思想清算；它既要清算现实思想的偏误，又要论证历史唯物主义对思想传统的创造性发展。

---

① 《马克思恩格斯文集》第4卷，人民出版社2012年版，第217—218页。

第三节　完成评述任务的要求

关于《费尔巴哈论》最终成书的原因，除了前两节所谈到的情况外，还有一个直接因素。对此，恩格斯曾这样说道："当《新时代》杂志编辑部要我写一篇批评文章来评述施达克那本论费尔巴哈的书时，我也就欣然同意了。"① 他还说，在稿子付印之前，特意重新翻阅了他和马克思在 1845—1846 年合写的《德意志意识形态》手稿，并将《关于费尔巴哈的提纲》作为附录刊印出来。在恩格斯所交待的上述事实中，不难发出这样一些疑问：为什么施达克的《路德维希·费尔巴哈》值得恩格斯如此重视？为什么他在出版之前还要重新翻阅曾经的手稿？为什么又要将十一条关于费尔巴哈的提纲作为附录出版？显然这不是言说恩格斯学术严谨，就能回答的简单问题，而是清算的夙愿和回应的需要使然，更是理论批判的需要和捍卫立场的表达所致。

尽管恩格斯以"批评的评述"概括他当时接到的任务，但当深入阅读《费尔巴哈论》的时候，又不难发现他是以深刻的理论论证与精准的逻辑分析全面地批判了施达克对费尔巴哈"唯心主义化"的"极力保护"。换言之，在"黑格尔—费尔巴哈—马克思"

---

① 《马克思恩格斯选集》第 4 卷，人民出版社 2012 年版，第 218 页。

这一主线之下，还有一个批判施达克的前提性清理。这一问题，不仅涉及费尔巴哈对马克思恩格斯的影响，还关涉当时德国哲学中唯心主义与唯物主义的争论。

恩格斯为了完成这一评述任务，首先就是要厘清施达克将费尔巴哈哲学唯心主义化的根本原因。也只有弄清楚这个问题，才能够明白从黑格尔这个唯心主义哲学的完成者开始的真正原因。诚如恩格斯所言："凡是从唯心主义观点出发所能说的，黑格尔都已经说了。"① 而费尔巴哈作为黑格尔哲学的反叛者，其标识性的哲学就是旧唯物主义，而这恰恰和当时德国的思想格格不入。在当时的德国思想界，唯心主义代表真正、正确、纯粹，而旧唯物主义不过是追求物欲与感官满足的"龌龊行为"，和"对理想目的追求""对真理和正义的热忱""对理想力量的承认""对进步方向的信念"等一切"对美好世界的信仰"相比要低劣得多②。施达克出于"保护"费尔巴哈的"好心"，把费尔巴哈不曾明确称为唯物主义的"新哲学"，定性为符合时代潮流的唯心主义，使费尔巴哈的哲学"反叛"成为唯心主义流派内在的争论。可是，施达克这一"好心"却产生了消解费尔巴哈哲学革命的进步性成果。

更有趣的问题还在于，费尔巴哈不是唯一反叛黑格尔哲学的

---

① 《马克思恩格斯选集》第 4 卷，人民出版社 2012 年版，第 232 页。

② 《马克思恩格斯选集》第 4 卷，人民出版社 2012 年版，第 239 页。

人，还有诸多施特劳斯、鲍威尔兄弟、施蒂纳等人。但是唯有费尔巴哈的反叛体现了唯物主义的特色，其他人都在唯心主义理论范式中争论。也就是说，由于费尔巴哈唯物主义反叛的"另类"，使得施莱克大发善心来保护费尔巴哈。

因为"好心办错事"的施达克和庸人们，"把唯物主义理解为贪吃、酗酒、娱目、肉欲、虚荣、爱财、吝啬、贪婪、牟利、投机……而把唯心主义理解为对美德、普遍的人类的爱的信仰"①，滥用了唯物主义和唯心主义的区分，所以必然造成思想的混乱与理论的争论。恩格斯这样分析道："一个人只是由于他追求'理想的意图'并承认'理想的力量'对他的影响，就成了唯心主义者，那么任何一个发育稍稍正常的人都是天生的唯心主义者了，怎么还会有唯物主义者呢？"② 因此，"施达克把这一切说成是唯心主义，这只是证明：唯物主义这个名词以及两个派别的全部对立，在这里对他来说已经失去了任何意义"③。

当然，另一个不可忽视的问题是，施达克摒弃唯物主义的理论取向凸显了近代机械唯物主义敌视人的理论立场，但是他由于没有辩证对待唯心主义的缺陷和积极因素，而只能抽象地发展了唯物主义。由此也可以理解恩格斯为何要将关于费尔巴哈的十一

① 《马克思恩格斯选集》第 4 卷，人民出版社 2012 年版，第 239 页。
② 《马克思恩格斯选集》第 4 卷，人民出版社 2012 年版，第 239 页。
③ 《马克思恩格斯选集》第 4 卷，人民出版社 2012 年版，第 239 页。

条提纲作为附录发表了。

那么，施达克对费尔巴哈的唯心主义的保护就一无是处了吗？在恩格斯看来也不尽然。与其说施达克将费尔巴哈唯物主义化是一个错误，倒不如说"施达克在找费尔巴哈的唯心主义时找错了地方"①。在被施达克界定为唯心主义的地方，反而是费尔巴哈最重要的哲学创建，不仅在哲学史上具有重要的地位，而且对他和马克思的思想推动也是极为根本的。说到这里，自然就会明白在《费尔巴哈论》中，恩格斯缘何严格区分作为唯心主义的费尔巴哈和作为唯物主义的费尔巴哈，以及他为何深入探讨费尔巴哈反叛黑格尔哲学但却丢掉辩证法的理论缺陷等问题了。

当然，恩格斯的评述任务到这里还远没结束。纠正施达克将费尔巴哈唯心主义化、承认费尔巴哈的唯物主义者，还远没有完成对费尔巴哈的客观把握，也就不可能全面而深入地评述施达克的《路德维希·费尔巴哈》。恩格斯认为，正是费尔巴哈自己唯物主义的不彻底，才使施达克的唯心主义保护有了用武之地。"施达克也不得不承认，政治对费尔巴哈是一个不可通过的区域。"②费尔巴哈的唯物主义只停留于对直观感性的承认，而没有进入到社会政治和经济生活领域中，而这些领域在当时恰恰是唯心主义大行其道的领域。恩格斯评述到此，自然就把费尔巴哈与黑格尔

① 《马克思恩格斯选集》第 4 卷，人民出版社 2012 年版，第 237 页。
② 《马克思恩格斯选集》第 4 卷，人民出版社 2012 年版，第 243 页。

哲学的积极因素对比起来了，也就必然要深入去谈论他和马克思对费尔巴哈哲学的超越了。

通过上述分析可以看出，恩格斯当时所接到这一评述任务，本质上是一个前提批判与理想阐释一起、观点阐释与思想定位一致、论辩澄清与体系论述一体的理论任务。恩格斯在《费尔巴哈论》中条分缕析地分析了黑格尔的重要哲学命题，意在挖掘被抽象化和标签化的黑格尔哲学的革命性因素；立场鲜明地捍卫费尔巴哈被唯心主义化的理论内容和思想观点，既是清算旧哲学又是表达新观点；主旨明确地论述马克思主义哲学的理论观点，一方面是还亏欠已久的"文债"，另一方面是要推进马克思主义的广泛传播和创新性发展。

第二章

作为国家哲学的德国古典哲学

　　恩格斯谈论德国古典哲学的终结，而且是在和费尔巴哈并列的意义上探讨，这意味着：其一，费尔巴哈已经和德国古典哲学对立起来；其二，德国古典哲学是费尔巴哈绕不开的问题；其三，谈马克思主义的历史唯物主义必须论及德国古哲学。那么，在恩格斯那里，什么是德国古典哲学，这一哲学又呈现什么样的特征呢？这是解读《费尔巴哈论》思想内容的首个前提性工作。

第一节 1848 年政治革命的思想先导

"德国古典哲学"这一术语，是恩格斯在《自然辩证法》中偶尔提及、在《费尔巴哈论》中正式启用的学术术语，"在恩格斯的语境中，德国古典哲学指称的是康德、费希特、谢林和黑格尔的哲学，费尔巴哈的哲学不包含在里面"①。尽管这一术语在恩格斯的学术研究中提出得较晚，但早在 1843 年，恩格斯就已做过明确的分析："法国发生了政治革命，随同发生的是德国的哲学革命。这个革命是由康德开始的：他推翻了上一世纪末大陆上各大学所采用的陈旧的莱布尼茨形而上学体系。费希特和谢林开始了哲学的改造工作，黑格尔完成了新的体系。自从人们有思维以来，还从未有过像黑格尔体系那样包罗万象的哲学体系。"② 如果深入西方哲学史中，就会发现德国古典哲学深受洛克、卢梭等近代哲学家的影响，作为古典自由主义国家观念的德国版本和德国国家现实的理论版本而被普鲁士国家封为国家哲学。

不仅如此，马克思在稍早一些时候（1842）也有这样的判断："如果说有理由把康德的哲学看成是法国革命的德国理论，

---

① 俞吾金：《论马克思对德国古典哲学的解读》，《中国社会科学》2006 年第 2 期。
② 《马克思恩格斯全集》第 3 卷，人民出版社 2002 年版，第 489 页。

那么，就应当把胡果的自然法看成是法国旧制度的德国理论。"①康德推崇的共和主义民主政体，以三权分立和代议制政府来实现了国家普遍性；费希特的民主共和政体和人民主权原则来实现国家的公共性；黑格尔的伦理国家和解了个体理性与普遍理性的冲突，使德国古典哲学在现实政治层面为普鲁士王辩护，在理论层面为资产阶级民主奠基，在社会层面为欧洲的政治革命铺路。

从康德到黑格尔的德国古典哲学，是在解决思维与存在关系矛盾的基础上逐渐发展起来的。德国古典哲学的这一发展进程有着自然科学和社会科学的基础、自然和宽厚的思想理论基础和现实的经济—政治原因。康德、费希特、谢林、黑格尔虽然没有实现真正意义上的现代哲学革命，但在德国古典哲学整体逻辑中建构起来的资产阶级的自由理念、平等观念、民主观点等，从根本上支持了德国资产阶级反对封建主义的革命运动，表达了资产阶级现实的物质利益、社会的政治要求和历史的个体原则，成为意识形态各领域中反对封建主义的世界观和方法论，并成为了"1848 年资产阶级政治革命的哲学先导"②。

德国古典哲学将自然科学和社会科学发展的理论与实践成果，作了进一步的系统化概括，不仅在对法国大革命的思想影响

---

① 《马克思恩格斯全集》第 1 卷，人民出版社 1995 年版，第 233 页。

② 杨祖陶:《德国古典哲学的逻辑进程》(修订本)，武汉大学出版社 2003 年版，第 5 页。

中推进了历史的进程，而且为马克思主义哲学的创立和发展做好了思想准备。

德国古典哲学是在人类生产活动发生革命性变革中，在社会生活发生重大转折中，在自然科学和社会科学发生转变中，产生、发展和终结的。

人类的生产活动通过工业革命，从手工劳动进入了机器大生产时代，从根本上改变了人与自然、个人与社会之间的关系。因此，必须要有一种表征这一时代精神的哲学理论。随着人类生产活动的革命变革还有自然科学的理论发展。按恩格斯的说法，这是一个从"主要是搜集材料的科学，关于即成事物的科学"向"本质上是整理材料的科学"，"关于过程、关于这些事物的发生和发展以及关于联系——把这些自然过程结合为一个大的整体——的科学"转化的时期。① 特别是自然科学领域的"三大发现"，更是需要一种系统性、整体性的哲学理论来进行把握。恩格斯指出，"认为事物是既成的东西的旧形而上学，是从那种把非生物和生物当做既成事物来研究的自然科学中产生的。而当这种研究已经进展到可以向前迈出决定性的一步，即可以过渡到系统地研究这些事物在自然界本身中所发生的变化的时候，在哲学领域内也就响起了旧形而上学的丧钟"②。

---

① 《马克思恩格斯选集》第4卷，人民出版社2012年版，第251页。
② 《马克思恩格斯选集》第4卷，人民出版社2012年版，第251页。

随着生产方式变革和自然科学进展而来的是社会科学的发展。总体上看，这一时期是英国古典政治经济学的鼎盛时期。英国古典政治经济学透过资本主义社会中错综复杂的经济现象，从整体上把资本主义社会的经济范畴，归结为劳动时间决定商品价值，并在承认阶级分化事实的基础上探索国家发财致富的分配理论。英国古典政治经济学的劳动价值论，虽然没能真正阐明社会财富真正的社会秘密，但是给德国古典哲学提出了具体性与抽象性、个体理性与普遍理性等一系列根本问题。从康德到黑格尔的整个德国古典哲学，都力图从解决这一现代性冲突与矛盾问题。

1789 年的法国资产阶级革命抛开宗教依赖、凸显政治特质，不仅实现了资产阶级改造社会的完全胜利，而且产生代表人类历史未来和方向的无产阶级。与资产阶级和封建阶级同时出现的工人阶级的独立的政治运动充分展示了无产阶级的政治影响力和历史引领力。1831 年法国里昂的工人起义，1838—1842 年英国工人宪章运动，1843 年德国西里西亚纺织工人运动等，皆充分表现了社会生活的重大改变。即无产阶级和资产阶级的"阶级斗争在实践方面和理论方面采取了日益鲜明的和带有威胁性的形式"①。

历史的发展既体现为社会生产与活动的变化、自然学科与社

---

① 《马克思恩格斯选集》第 2 卷，人民出版社 2012 年版，第 89 页。

会科学和发展，更从根本上提出了哲学必须回答的问题。德国古典哲学也是在回答近代哲学提出的问题的基础上产生、发展和终结的。

近代哲学的认识论转向，使思维与存在的关系成为哲学的核心问题之一。近代的经验主义和理性主义围绕这一问题展开的争论，深深地影响了德国古典哲学的历史进程。思维与存在的关系问题在德国古典哲学中，直接表现为主体与客体的关系问题，表现为主体与客体不可相容的矛盾性问题。这既需要哲学实现范式的根本变革，更需要哲学从单纯的认识、理性和科学的范围深入到产生主体与客体对立的现实生活和社会实践之中。这一方面有助于当代社会历史的进展，另一方面则有利于近代以来哲学的创造性发展。概括的讲，休谟的怀疑论抵达了传统哲学解决这一问题的极限，法国唯物主义的理性与科学形而上学的统一，17世纪以来的唯物主义主观地结合了主体与客体，都为德国古典哲学意识内在性地解决主体与客体对立提供了重要的思想基础。

最后，再从经济—政治的角度来审视德国古典哲学。德国古典哲学作为与1789年法国大革命平等的哲学革命，发生在18世纪末到19世纪40年代之间。对于当时的德国而言，虽未形成发达的工商业，却产生了不亚于法国大革命的思想影响力。

德国封建阶级已经瓦解但没有消除、资产阶级产生的要素已经具备却尚未出现的现实，使得德国在政治与经济方面同当时的欧洲整体发展状态区别开来，更使德国的思想界竭力寻找一种突破现实困境的理论出路。易言之，德国优秀的思想家们力图从思想上清除阻碍资本主义发展的陈腐的封建关系和封建观念。与此同时，18世纪末的法国大革命为德国作出了表率，推动了德国向资本主义社会前进，中小市民也转变成社会的中坚力量——小资产阶级。尽管受到了当时封建复辟的影响，但是德国在大工业时代资本主义化的事实境遇，使其能够在短时间内建立起全民族意义上的工业和交通业。德国经济形式的变化，使得小资产者迅速转变成由共同利益维系的资产阶级，并以革命为手段开始正式反对专制政府。经济与政治发生的这一深刻变化，使得表达资产阶级利益的德国古典哲学走向前台。

从康德到黑格尔的德国古典哲学以哲学的形式，表征这一时代资产阶级的自我意识、现实境遇和历史方位。一方面，德国古典哲学特别是黑格尔哲学引入了历史观念，明确地标识了资产阶级取代封建阶级的必然性；另一方面，德国古典哲学以政治哲学的方式，论证了资产阶级的自由、民主和平等等基础性的政治观念，以政治的方式表明资产阶级是革除封建的主体力量。于是，德国古典哲学一时成为欧洲资产阶级表达阶级利益和政治诉求的时代精神，成为欧洲资产阶级的世界观和方法论。1848年发生的法国资产阶级革命中，到处都充斥着德国古典哲学所表达的世界观念、政治观点和方法论原则。这一先导性的哲学理论不仅指导和影响着资产阶级革命，而且对后来无产阶级革命也有着深刻的影响，正如恩格斯在《大陆上社会改革运动的进展》一文中所说的那样：在法国人通过政治革命达到共产主义学说的时候，"德国人则通过哲学，即通过对基本原理的思考而成为共产主义者"①。

第二节　积极的与消极的德国"庸人"

德国古典哲学具有积极的与消极的两幅面孔。马克思和恩格斯早年曾被德国古典哲学的积极性所激励，义无反顾地进入到对时代精神的追寻之中。随着其理论的进步和对现实理解的深入，他们毅然决然地与德国古典哲学划清了界线并在彻底扬弃前者的意义上创造了领导无产阶级革命的历史唯物主义世界观。在1890年恩格斯致康拉德·施米特的信中，他曾这样评价德国古典哲学："在从康德到黑格尔的德国哲学中，德国庸人的面孔有时从肯定方面表现出来，有时又从否定方面表现出来。"②"德国庸人"这一绝妙的修辞用语，深刻而具体地刻画出了德国古典哲学内容的双重性、性格的矛盾性和影响的两重性。在恩格斯看

---

① 《马克思恩格斯全集》第3卷，人民出版社2002年版，第474—475页。
② 《马克思恩格斯全集》第37卷，人民出版社1971年版，第489页。

来，终结德国古典哲学并不是否定德国古典哲学所承接的时代的哲学问题，而是要否定德国古典哲学立基的德国现实本身。只有这样，才能够真正理解他和马克思为什么一直强调德国古典哲学对他们的深刻影响。"德国庸人"首先正确地刻画了德国古典哲学的阶级取向与政治立场。德国古典哲学之所以具有如庸人般地生活在现实的大地上而又具有唯唯诺诺的软弱性格，就在于德国古典哲学作为资产阶级意识形态的本质。一方面，随着资本主义从封建专制下解放出来，资产阶级获得一定的政治权利并占有现实的物质权利，德国古典哲学，特别是黑格尔哲学以《法哲学》固定下来了这一权利与事实，是资产阶级存在状态的哲学表达，更是资产阶级的时代精神。另一方面，德国资本主义的相对滞后的发展状态，又使得德国古典哲学在表达资产阶级利益要求和政治权利的时候受到诸多限制，从而扭扭捏捏、摇摆不定。但是有一点不可否认，那就是"德国庸人"以资产阶级的保守性对现实利益的重视，哲学化成了德国古典哲学的唯心主义传统，产生了德国古典哲学的唯心辩证法，推翻了传统形而上学，为后来的哲学创新开辟了道路与空间。

德国古典哲学的革命性，表达了"德国庸人"以哲学来推翻封建专制的现实要求，具有不可否认的积极性。德国古典哲学妥协保守性的政治倾向，表现了"德国庸人"在思辨中进行革命的消极性。

"德国庸人"积极的现实要求为德国古典哲学注入了社会现实实践的历史内容。德国古典哲学则将"德国庸人"的积极性升为哲学的实践性。概括地讲,德国古典哲学具有逻辑的系统性,表达了自由的政治观念和自我实现的社会历史要求,呈现出了从概念向现实过渡的逻辑趋向。

被日本哲学家安倍能成称为"哲学蓄水池"的康德,实现了哲学的"哥白尼的转向",在德国古典哲学中率先将实践性纳入哲学的哲学家。在康德看来,正是人自由和自主的现实要求,使人的实践理论高于理论理性。基于此种判断,他从意志自由推出了实现自由与自廄的法权和政治。他围绕"人"展开的哲学思辨,表达了当时德国人的最真正的政治要求和理论思考。

在康德之后,费希特以知识学来阐释了他所理解的行动哲学、实践哲学和自由哲学。费希特认为,自我的本质构成了人的"本原行动","行动!行动!——这就是我们的生存的目的"的哲学宣言,表达了德国人的政治口号。不仅如此,在把绝对自我论证成哲学的最高原理中,他还提出了现实的行动逻辑,"行动的需要是在先的,对于世界的意识则不是在先的,而是派生的。并不是因为我们要认识,我们才行动,而是因为我们注定要行动,我们才认识;实践理性是一切理性的根基"①。

---

① [德]费希特:《论学者的使命·人的使命》,梁志学、沈真译,商务印书馆1984年版,第162页。

蔑视拿破仑只是"马背上的绝对精神"的黑格尔，用概念运动的辩证法表达了当时德国最紧迫而且也是最现实的要求，以所有权、契约、犯罪与刑罚、道德、家庭、市民社会和国家以及世界历史概念运动的逻辑来证明了人的自由解放与绝对精神概念运动的同一性。这一方面提升了德国人现实要求的形上本性，另一方面则展示了德国现实要求实现的逻辑可能性。

在德国古典哲学的发展进程中，尽管始终体现出浓厚的形而上学思辨，但是一直试图表达德国市民社会最本质的利益要求。德国古典哲学虽只是"德国庸人"理论的慰藉，却构成了德国古典哲学的逻辑整体性与概念抽象性。这一特性体现得越充分，终结德国古典哲学的要求也就也迫切。

然而与此同时，"德国庸人"保守的思辨退缩限定了德国古典哲学的思辨抽象性，德国古典哲学则将"德国庸人"的消极性表达为思辨的辩证法。

德国古典哲学是"更高地悬浮于空中的思想领域"，"都有它们的被历史时期所发现的接受的史前内容"，有必须抛弃的"称之为谬论的内容"[1]。德国古典哲学只是以观念的方式表达了现实的内容，同时这些观念又包含着大量的史前内容的遗留，使其只能是德国人在观念内实现自由与解放。

---

[1]　《马克思恩格斯全集》第37卷，人民出版社1971年版，第489页。

恩格斯认为，德国古典哲学是在否定经济基础的前提下，形成了关于自然、人、灵魂等形形色色的虚假观念。这一方面是史前史发展的现实需要虚假观念的补充所致，即德国古典哲学的主体还停留于对现代历史的史前理解阶段；另一方面则是由于德国庸人只在资产阶级利益的前提下来面对现实。恩格斯曾以历史唯物主义的理论观念分析了哲学的发展："霍布斯是第一个近代唯物主义者（十八世纪意义上的），但是当君主专制在整个欧洲处于全盛时代，并在英国开始和人民进行斗争的时候，他是专制制度的拥护者。洛克在宗教上就像在政治上一样，是 1688 年的阶级妥协的产儿。英国自然神论者和他们的更彻底的继承者法国唯物主义者，都是真正的资产阶级哲学家，法国人甚至是资产阶级革命的哲学家。"① 德国古典哲学承继了它特有的思想与理论传统，同时却又具体地体现了当时德国经济落后的现实。虽然德国的哲学充当了英国和法国的思想，不过是庸人得以自慰的文学的普遍繁荣而已。由此可见，只有现实的繁荣并且成为哲学内在的规定，德国才能抛弃庸人的消极。

德国庸人消极的性格特质使其哲学理论体现出一种自相矛盾的状态。"软弱的德国资产阶级在很长一段时期内在行动上不敢发动革命，但他们在思想上已开始向往革命。18 世纪末和 19 世

---

① 《马克思恩格斯全集》第 37 卷，人民出版社 1971 年版，第 489 页。

纪上半期出现的德国古典哲学正是从哲学理论上体现了德国资产阶级的革命要求，是法国革命的德国的理论形态。"① 德国古典哲学虽然有着反思现实、直面革命的愿望，却不曾抛弃小资产阶级的利益要求，更没有牺牲的勇气来面对法国革命的惨烈，只能沉溺于唯心主义辩证法想象和实现对现实的革命和变革。

在 1884 年致拉法格的信中，恩格斯批评保尔对《正义报》的批判时就谈到了德国古典哲学庸人的消极面相："海德门既玩弄国际主义词句，又在散布沙文主义意向；乔因斯是一个不学无术的糊涂蛋（我两个星期前见到他）；莫利斯在做某种工作时，干得还是不错的，但他并非总是如此；而可怜的巴克斯则深深陷到十分陈旧的德国哲学里面去了。这一切对于一个月刊说来，还能凑合得过去，因为在那里有可能预先把文章准备好，但是对于一个必须就各种时事问题作出反应的周刊说来，这就不行了。"② 德国古典哲学无力回应时事问题的软弱，并不在于其词语的粗糙、逻辑的混乱，而在于庸人的消极和对现实的逃避。

也正因为如此，虽然德国古典哲学在唯心主义辩证法上取得了极高的哲学成就，但是很难成为批判现实的理论武器，甚至是在理论辩论中也不可能占据优势，最多只能成为官方辩护的意识

---

① 刘放桐：《马克思主义哲学与现代西方哲学研究》，北京师范大学出版社 2012 年版，第 40 页。

② 《马克思恩格斯全集》第 36 卷，人民出版社 1975 年版，第 115 页。

形态。在 1887 年恩格斯写给左尔格的信中，他甚至略带调侃判定巴克斯会在论战中输给布莱德洛："巴克斯很有才能，博学多识，但是还深深陷入德国哲学，也许将来能突破它，但目前还远没有消化。"① 显然，恩格斯所说的"消化"，就是还未曾理解德国古典哲学庸人的消极性，而这只有他和马克思才真正达到和完成。

第三节　现存的神圣化国家理论

德国古典哲学，特别是黑格尔哲学作为普鲁士的国家哲学，实属将现实神化的国家理论。当然，德国古典哲学这一现实身份，恰恰凸显了其对历史最深沉的理论思考以及对现实最深刻的观照。德国古典哲学作为普鲁士王国的"普照光"，知识性的范畴和抽象的形式作为其根本特色，是对现实与历史、个人与国家、利益与价值、自由与必然的一种时代性的追求。不可否认，德国古典哲学尽管承担了为封建的普鲁士辩护的现实任务，但也开启了其终结的哲学进程。

德国古典哲学直接指认和承认了市民社会的私利原则，探讨

---

① 《马克思恩格斯全集》第 36 卷，人民出版社 1975 年版，第 656 页。

了国家的普遍理性对个体理性统一的原则与根据，给出实现个体自由的伦理国家和世界秩序的哲学判断。德国古典哲学以思辨性的哲学话语反思国家存在的意义、个人与国家的关系、市民社会与政治国家的互构等重要而根据的政治哲学问题，将国家置于宏大的哲学体系和精巧的学理论证之中，实现了时代特征的哲学化，创建了一种完备的政治哲学。"德国人是一些教授，一些由国家任命的青年的导师，他们的著作是公认的教科书，而全部发展的最终体系，即黑格尔的体系，甚至在某种程度上已经被推崇为普鲁士王国的国家哲学！"①

回顾思想史传统，不难发现德国古典哲学的政治特质，承继了洛克和卢梭的理论，将古典自由主义的自由理念、民主观念、平等观点与德国的现实政治结合了起来。康德依循社会契约论的理路将国家认定为保障人不至于因私权而毁灭的法权共同体，"国家是许多人依据法律组织起来的联合体"②。法权共同体的稳定性一方面源于其保护功能的实施，另一方面则在于体现了资产阶级争取独立、自由与平等的政治意识。费希特更是直接以国家赞同于共同意志来论证了国家，将国家的公共性归属于全人民的普遍物，这既体现了资产阶级对于等级政治的痛恨，又表达了资

---

① 《马克思恩格斯选集》第 4 卷，人民出版社 2012 年版，第 220 页。

② ［德］康德：《法的形而上学原理——权利的科学》，沈叔平译，林荣远校，商务印书馆 1991 年版，第 139 页。

产阶级对于平等政治的憧憬。而且，费希特还在契约论的基础上，把国家提升到了伦理实体的程度，形成整体主义社会有机论的政治哲学，从而推动了康德的公民共和国向黑格尔的伦理国家的进展与过渡。

黑格尔哲学作为德国古典哲学的最高峰，更是将德国古典哲学对现存政治神圣化的传统推进到了新的高度。恩格斯这样概括黑格尔的法哲学："黑格尔的伦理学或关于伦理的学说就是法哲学，其中包括：（1）抽象的法，（2）道德，（3）伦理，其中又包括家庭、市民社会、国家。在这里，形式是唯心主义的，内容是实在论的。法、经济、政治的全部领域连同道德都包括进去了。"① 黑格尔法哲学包罗万象的囊括力，曾让马克思如此赞叹："德国的国家哲学和法哲学在黑格尔的著作中得到了最系统、最丰富和最终的表述；对这种哲学的批判既是对现代国家以及同它相联系的现实所作的批判性分析，又是对迄今为止的德国政治意识和法意识的整个形式的坚决否定，而这种意识的最主要、最普遍、上升为科学的表现正是思辨的法哲学本身。"②

通过伦理国家、哲学实体等哲学范畴对政治国家的提升与论证，使得德国古典哲学形成了体系化、哲学化的国家哲学。家庭、市民社会和国家成为分析政治生活的主要概念框架，也成为

---

① 《马克思恩格斯选集》第 4 卷，人民出版社 2012 年版，第 243 页。
② 《马克思恩格斯选集》第 1 卷，人民出版社 2012 年版，第 9 页。

现实理念化的逻辑原则。而且，德国古典哲学在唯心主义辩证法为方法的论证之中，在观念上实现了个体利益与普遍利益的和解和一致。"在国家中，一切系于普遍性和特殊性的统一。……个人意志的规定通过国家初次达到它的真理和现实化。国家是达到特殊目的和福利的唯一条件。"① 通过概念辩证法对家庭自然性与市民社会特殊性的克服而达致的伦理国家表现为普鲁士王国的现实统治。因为以王权实现的国家统治是伦理国家理念现实与政治化的方式，普鲁士的当权者自然地从德国古典哲学推论出王权作为伦理国家理念的实现，不是孤立的极端和权力的暴政，而是维护个体利益、团结公民和反对暴民的权力。国家哲学实现了专制统治的"华丽转身"，赢得了普鲁士国家的热烈欢迎。

托古述今，作为德国古典哲学神圣化现实国家的重要方式，黑格尔哲学复活了古典政治哲学城邦理念，在和契约论相区别的同时更强化伦理国家的观念。在德国古典哲学的高峰黑格尔那里，恢复人的普遍性是最高的政治，重建古希腊的共同体是最高的追求。然而，以契约论为代表的古典自由主义也不曾放弃自己对德国的影响。于是，自由、平等和民主等契约论的政治观念也"穿上"了伦理的"袈裟"，使德国古典哲学在国家中心论中为自由、自主、自治等留下"地盘"。但是，伦理国家在统摄家庭和

---

① ［德］黑格尔：《法哲学原理》，范扬、张企泰译，商务印书馆 1961 年版，第 263 页。

市民社会的时候单一地诉诸于伦理远远不够。这样一来，德国古典哲学又在政治的意义上复活了国家的神性，使国家成为具有神性色彩的，能够裁决现实秩序、制定社会规则、保障伦理实现的神性之物。或者说，德国古典哲学在将现实国家神圣化的过程中，使国家化身为全知全能的神性观念。

因此，当德国古典哲学际遇法国大革命的时候，当德国古典哲学沉闷地被革命所震荡的时候，德国古典哲学自然就表现出一种维护国家的情结，表现出保守主义、国家至上主义、集权主义的理论状态。恩格斯这样批判道："这显然是把现存的一切神圣化，是在哲学上替专制制度、警察国家、专断司法、书报检查制度祝福。弗里德里希—威廉三世是这样认为的，他的臣民也是这样认为的。"① 也正是这样的情境之下，德国古典哲学耗尽了生命力，走向必然被新哲学所超越的宿命。

---

① 《马克思恩格斯选集》第4卷，人民出版社2012年版，第221页。

第三章

一位拖着"辫子"的时代"潮人"

黑格尔哲学作为德国古典哲学的最高峰，是恩格斯在《路德维希费·尔巴哈哲学和德国古典哲学的终结》中谈论德国古典哲学终结的直接对象。在恩格斯看来，德国古典哲学在英国和斯堪的纳维亚各国的某种复活，使他"感到越来越有必要把我们同黑格尔哲学的关系，我们怎样从这一哲学出发又怎样同它脱离，作一个简要而又系统的阐述"①。重回黑格尔是回应争论的需要，马克思和恩格斯从黑格尔哲学出发来构建其新世界观的事实，也值得人们认真思考。由此可见，把握和呈现黑格尔哲学的原貌，是

---

① 《马克思恩格斯选集》第4卷，人民出版社2012年版，第218页。

解读《费尔巴哈论》的第二个前提性工作。

黑格尔热切地讨论法国大革命，肯定革命的现实与君主制的非现实性，并且深情高呼："朋友们，朝着太阳奔去吧，为了人类的幸福之花快点开放！挡住太阳的树叶能怎么样？树枝能怎么样？——拔开它们，向着太阳，努力奋斗吧！"① 黑格尔哲学彻底否定"人的思维行动的一切结果具有最终性质"② 的哲学判断，具有真正的革命性。在这样的黑格尔哲学中，哲学真的成为了他所说的"思想中的时代"。虽然黑格尔作为彼时时代的"潮人"，满怀激情地拥抱革命，并在贬斥拿破仑为"马背上的绝对精神"中建构了体系宏大的哲学体系。但是，当他在《法哲学原理》中设想的实现绝对精神的伦理国家表现为费里德里希—威廉三世君主等级制国家的时候，他理论的"辫子"就自然显露出来了。

恩格斯以历史唯物主义的观点作出精当的判断："黑格尔是一个德国人，而且和他的同时代人歌德一样，拖着一根'庸人'的'辫子'。歌德和黑格尔在各自的领域中都是奥林波斯山上的宙斯，但是两人都没有完全摆脱德国庸人的习气。"③ 当恩格斯重回黑格尔哲学这一重要论题的时候，就不再是简单地与黑格尔哲

---

① ［苏联］阿尔森·古留加：《黑格尔传》，刘半九、伯幼等译，商务印书馆1997年版，第14—15页。

② 《马克思恩格斯选集》第4卷，人民出版社2012年版，第222页。

③ 《马克思恩格斯选集》第4卷，人民出版社2012年版，第225页。

学划清界限，而是通过对黑格尔哲学的深入批判，既揭示黑格尔哲学"庸人"的气息，又激活在黑格尔体系下闷死的鲜活的精神。所以，对于黑格尔这个时代的"潮人"，恩格斯既没有一味的夸赞，也没有形而上学的否定，而是在思想逻辑与现实逻辑的双重视野中，具体地研究了黑格尔之于德国古典哲学、之于法国大革命、之于他和马克思的哲学思想的重要意义，辩证地阐释了这一时代"潮人"个性气质与理论特质之间的冲突、时代精神与政治现实之间的矛盾。

第一节　黑格尔的百科全书式时代精神

作为 18 世纪和 19 世纪之交德国"浪漫派"的一员，黑格尔出生于德意志文化狂飙突进的时期。和他的同时代人一样，黑格尔面对着法国大革命痛苦、纷杂的道德冲突与剧烈的社会变化，深入对当时时代问题的哲学探问。整个黑格尔哲学都是围绕着这一时代的核心问题：如何把两个看似分离的形象——主体性与世界——统一起来。当然，黑格尔比他同时代任何一位哲学家都要走得更高更远。恩格斯这样称赞黑格尔："他不仅是一个富于创造性的天才，而且是一个百科全书式的学识渊博的人物，所以他在各个领域中都起了划时代的作用。"①

黑格尔的哲学成就一方面得益于他生活的时代，另一方面则来自于他对哲学与时代精神的思考。

就时代而言，一方面是启蒙运动对道德的渴望为黑格尔提出了在哲学解决理性如何引导自由的问题，一方面是基督教的背景，虽然他在后期哲学中改变了前期关于基督教的观念，但他却从未抛弃过基督教；再一方面，自启蒙运动以来所形成的人应该依照理性而非基于过去的特权与外在权威来生活的观念深深地影响着他。时代这三个方面的特征深深地刻在黑格尔的哲学之中，使他深刻地意识到：这是一个德意志再生的时刻，是启蒙理性胜利、古希腊精神再生、耶稣纯粹教导回复的再生时刻。

就他对时代精神的思考而言，1816 年 10 月 28 日在海岱山大学的开讲辞里，黑格尔明确地概括了时代的精神状况与哲学的根本任务。"时代的艰苦使人对于日常生活中平凡的琐屑兴趣予以太大的重视，现实上很高的利益和为了这些利益而作的斗争，曾经大大地占据了精神上一切的能力和力量以及外在的手段，……因为世界精神太忙碌于现实，所以它不能转向内心，回到自身。"② 如何重拾哲学曾有的荣光及其对现实深刻的洞见，是

---

① 《马克思恩格斯选集》第 4 卷，人民出版社 2012 年版，第 225 页。

② ［德］黑格尔：《哲学史讲演录》第 1 卷，贺麟、王太庆译，上海人民出版社 2013 年版，第 3 页。

表征时代精神的哲学必须要面对的问题。而且，哲学作为追求真理的时代精神，既需要追求真正的勇气，又需要对哲学的坚定的信仰，唯有如此，人才能够真正地与时代同行。"人既然是精神，则他必须而且应该自视为配得上最高尚的东西，切不可低估或小视他本身精神的伟大和力量。"①

正是基于时代和时代精神的思考，黑格尔哲学纵横于存在、意识、物质、精神、历史、政治、宗教、真理、价值与美等哲学全部的领域。他在海德堡大学讲学时所撰写的《哲学科学百科全书纲要》几乎涉及了哲学所有领域的根本问题，使其成为继亚里士多德之后的又一名"百科全书"式的哲学家。黑格尔百科全书式的时代精神，不仅将他推到了德国古典哲学的巅峰，而且也使他成为西方形而上学的完成者。

黑格尔哲学庞大而整体的范畴体系、逻辑结构和理论论证充分体现了日耳曼民族思辨的传统与宽松的文化环境下德国古典哲学革命的最终成果：以时代的精神否定了旧的封建文化，将人类思维能力和方法提到了前所未有高度。更为重要的是，黑格尔以概念运动的思辨辩证法概括了资本的精神、以抽象理性论证了资本的逻辑、以绝对精神外化逻辑描述了资本外化的现实逻辑。虽然从黑格尔哲学的表象上看，他并没有具体深入和系统化地研究

① ［德］黑格尔：《哲学史讲演录》第 1 卷，贺麟、王太庆译，上海人民出版社 2013 年版，第 5 页。

资本，但是黑格尔哲学一直强调他哲学巨大的现实感。因此，黑格尔哲学抽象的概念、思辨的逻辑、玄奥的观点其实不过是他实现主体与客体统一的哲学工具、表达时代精神的哲学方式而已。

青年黑格尔在图宾根和德国激进分子一起，重塑了康德启蒙宗教之于现实生活的意义和价值，在接近卢梭的意义上宣扬了实现善行的爱心、友谊和同情等。① 青年黑格尔在追求宗教复兴中表达了对政治复兴的热烈拥抱，即在他看来人应该去除加诸于身上的所有权威，自由的、不作区分地生活在世俗的共同体中。黑格尔在对启蒙精神的忠诚中，提出表达时代精神的思想应该是具体的、现实的，必须是根植于生活需要、并与国家公共事务联系的。而这些恰恰都被资本所建立的世俗宗教所实现了。

黑格尔发表于 1807 年的《精神现象学》，则是宣告了一个时代的诞生，并且规定一种时代的精神。"我们的时代是一个新时期降生和过渡的时代。精神已经与它从前的生活和观念世界决裂，正使旧日的一切葬于过去，它正着手进行它的自我转型。"② 而在《逻辑学》中，他则直接提出了从科学及现实规定中生成出来的新精神；在《哲学全书》中则体系化逐层展开了绝对精神。

---

① 参见 [加] 查尔斯·泰勒：《黑格尔》，张国清、朱进东译，译林出版社 2002 年版，第 79 页。

② [德] 黑格尔：《哲学史讲演录》第 1 卷，贺麟、王太庆译，上海人民出版社 2013 年版，第 45 页。

从此开始，黑格尔从精神运动的内在逻辑上将哲学的主题锚定于现实的人身上，并从主体与客体、个体与总体、个性与普遍的统一规定中来探索意识的进展与社会的演进，引入历史的环节来把握思维与社会运动的各个环节。

从总体上看，黑格尔的自然哲学、精神哲学、道德哲学、法哲学、艺术哲学及至美学无非就是绝对精神展开的历史过程。但正是在绝对精神现实化过程的法哲学、历史哲学和宗教哲学内在构成了他概念化地把握的时代精神之基本内容。也就是说，他所理解的时代精神不过是绝对精神具体化的时代内容和民族形式，而这恰恰就是现代历史最大的成就：资本及其所表达出来的自由。

虽然黑格尔生活在资本主义发展程度落后于英、法的德国，但是他却一直坚持认为"哲学作为一个时代的精神的思维和认识，无论是怎样先验的东西，本质上却也是一种产物；思想是一种结果，是被产生出来的，思想同时是生命力、自身产生其自身的活动力"①。虽然这是一种对哲学发展的理论推定，但是我们结合恩格斯对黑格尔辩证法的判定，就可以明确地看到，作为贯穿整个文化环节的哲学，在表现为社会存在的过程中形成了"全体认知

---

① ［德］黑格尔：《哲学史讲演录》第 1 卷，贺麟、王太庆译，上海人民出版社 2013 年版，第 54 页。

其自身的概念"①。在黑格尔看来，作为时代精神的哲学，不仅要理论地表达时代的现实状况，也必然要引领时代的发展与进步，当他说"法国大革命从'哲学'得到第一次推动"② 的时候就强调了时代精神的现实性与批判性。

黑格尔百科式全书的时代精神，虽然无法排除庸人的气质，但是却以概念运动的方式实现了对社会变革的必然性与必要性的哲学把握，对时代存在的问题进行了形而上学的把握，形成巨大的影响，直到多年以后一直如此。所以，恩格斯这样评价黑格尔："正是从1830年到1840年，'黑格尔主义'取得了独占的统治，它甚至或多或少地感染了自己的敌手；正是在这个时期，黑格尔的观点自觉地或不自觉地大量渗入了各种科学，也渗透了通俗读物和日报，而普通的'有教养的意识'就是从这些通俗读物和日报中汲取自己的思想材料的。"③

黑格尔百科全书式的时代精神以对现实与未来概念化方式，将事物生灭的现象理解为精神向绝对精神发展的过程，从而真正将历史内置于哲学的世界观之中。在黑格尔那里，历史还是一种时代精神变化的时序，它隐含地揭示了人作为精神性存在对历史

---

① ［德］黑格尔：《哲学史讲演录》第 1 卷，贺麟、王太庆译，上海人民出版社2013 年版，第 62 页。

② ［德］黑格尔：《历史哲学》，王造时译，上海世纪出版社 2001 年版，第 417 页。

③ 《马克思恩格斯选集》第 4 卷，人民出版社 2012 年版，第 226 页。

的创造性关系。当然，黑格尔所谓的时代精神，是统摄于精神、概念下的时代精神，终将得于历史终结的消极结论。"哲学在黑格尔那里完成了，一方面，因为他在自己的体系中以最宏伟的方式概括了哲学的全部发展；另一方面，因为他（虽然是不自觉地）给我们指出了一条走出这些体系的迷宫而达到真正地切实地认识世界的道路。"①

因此，黑格尔百科全书式的时代精神，由于其体系的"完备"性和内容的"整全"性而走到了哲学的极端，既预示了其哲学终结，又预示了这一时代精神所表征的资本主义的终结。

第二节　黑格尔哲学的绝对精神

"绝对精神"是黑格尔哲学的核心思想和标识概念。绝对精神是"包罗万象"的哲学体系，是"逻辑学、形而上学、自然哲学、精神哲学、法哲学、宗教哲学、历史哲学"结合成的体系，归纳成的基本原则。② 它强调的是精神的"绝对性"，即精神具有的实体性和能动性，是其客观唯心主义唯物的元素与根据。换句话说，正因为黑格尔坚持精神是绝对者，才有绝对精神演进的唯心

---

① 《马克思恩格斯选集》第 4 卷，人民出版社 2012 年版，第 226 页。
② 《马克思恩格斯全集》第 3 卷，人民出版社 2002 年版，第 489 页。

主义体系以及作为精神完成的绝对精神。因此，黑格尔绝对精神的完成与表现自然也就离开概念运动的辩证法，辩证法的思辨过程既构成绝对精神表现自己的过程，也表现精神向绝对精神迈进的过程。

黑格尔的绝对精神虽然强调了精神的能动性，但绝对的限定性又使精神成了一个封闭、静态和确定的实体，成为传统哲学意义上那个决定的本源与本体。因此，当黑格尔强调绝对的过程性时，不过是说出了"诸环节运动的总体""结果就是开端"这一精神自我实现的过程与原则，是理念在其自身实现过程中所达到的具体形态与发展状态。绝对精神具有自我认识和自我实现的内生性。黑格尔"承认在一个封闭的世界里存在着一个绝对精神的包罗万象的不断实现的过程，……在绝对精神的封闭体系内，人们可以不断通过'摸拟''拟真'等方式走近'真实'，揭示'真理'，实现'真理意义的内爆'"①。这就意味着绝对精神是一个具有无限真正内涵、等待实现的理念。其无所不包的内在逻辑与自我实现的内在冲动，使得绝对精神具有自主性，不必借助任何外在的手段和方式就可以自我展开的过程中回复到绝对自身。

黑格尔的绝对精神具体地体现了意识内在性哲学的根本特点，虽然这一哲学并没有真正解构传统哲学形而上学的本质，还

---

① 欧阳英：《黑格尔绝对精神的"绝对性"辨析》，《世界哲学》2020 年第 2 期。

是在寻求第一本源的意义上打转，但却提出了哲学"必须走内向发展道路"的哲学判断。卢卡奇的分析对于理解黑格尔绝对精神理念表现出来的双重性具有重要的指导意义："如果思维不想放弃对整体的把握，那就必须走向内发展的道路，就必须力图找到那个思维的主体。存在可以被设想为是这一产物，这时，就没有非理性的裂缝，没有彼岸的自在之物。"[①] 虽然黑格尔的绝对精神最后只是回复了精神自身，但却存在着拒斥自在之物存在的逻辑必然。从黑格尔自己的哲学来看，绝对精神作为绝对的同一者，无需要任何外向的开放与对外吸纳，只需要同一属性的展开即可。但正如黑格尔自己举种子这种例子一样，绝对精神虽然具有自我的完满性，但其内向的发展道路却被迫外向的存在向其敞开，并自觉地构成其一部分。在此，我们不必借助他思辨的辩证法，只需从绝对精神的自我运动就可以看出来。

因此，有必要考查一下黑格尔对绝对精神的基本定义。黑格尔对绝对精神的定义并不是单一的概念描述，也不是"种"加"属"差的形式规定，而是概念与实在关系的意义上来讲这一最高的哲学存在的。

精神的概念在精神中有自己实在性。这种实在性之所以能与精神的概念的同一性中作为绝对理念的知识而存在，是因为它有

---

① ［匈］卢卡奇：《历史与阶级意识》，杜章智等译，商务印书馆1996年版，第192页。

这一必然的方面，即那个自在的自由的理解能在其现实中把自己解放成为概念，以便成为概念的尊严形式。主观的精神和客观的精神都应被看作道路，实在性或实存的这些方面是在这条道路上形成自身的。绝对精神既是永恒地自身内在的同一性，又是不断反思着和已经返回自身的同一性；是作为精神实体的那一个和普遍的实体，是在自身内和在一个知识中的判断。

如果超越这一定义的繁复逻辑细节，就会明显地发现绝对精神的关键在于"同一性"，观念性的同一性，既使得绝对精神与精神之外的实在同一性区别开来，又使得精神具有自我实现的内在动力。因此，绝对精神本质上是渗透于对象世界的能动性，一方面绝对精神在自我外化、异化和回复自身中驱动着对象世界呈现发展的历史性；另一方面外在世界在各种形式、各个阶段的变化与发展呈现出精神性。绝对精神的自我实现虽然借用对象表现出来，但却是绝对精神自由性与自主性，是精神在自我规定中实现的自由本身。虽然在黑格尔哲学体系中，绝对精神由此达致一种唯物主义的客观，但绝对精神是抽象的观念本身却是不争的事实。这意味着，尽管绝对精神表达了一种体现现代"自己规定自己"的自由观念，但这种自由还在精神层面的抽象自由。

不仅如此，在黑格尔那里，绝对精神还是"永恒的理念的模写"。虽然这一观念使他把精神作为了活的统一体的，但是这种活的统一的意义只在安排现实世界的秩序，规定现实存在的方位。马克思在《关于费尔巴哈的提纲》最后一条对此作出最为精当的批判:"哲学家们只是用不同的方式解释世界,而问题在于改变世界。"① 黑格尔依据对绝对精神认为,哲学必须把精神理解为永恒的理念的一种必然的发展,而构成关于精神的科学的诸特殊部分的那些东西,则纯粹是从精神的概念中展开出来的。绝对精神的内在秩序是完美的秩序,一方面使精神具有独立于现实的超越性与纯粹性,另一方面则构成剪裁现实发展的原则与规定。以此逻辑为规定的绝对精神作为现实世界最完美的范本,只需要借助现实的人及其活动表现一下而已。然而问题在于,虽然绝对精神作为完美无瑕的纯粹本身,不可能容纳任何现实的内涵,只能是一种超验的形式,至多是对现实存在抽象之后的某种绝对支配性,比如说资本。

诚然,黑格尔的绝对精神作为其宏大哲学体系的内在线索,具有诸多的问题,但是,绝对精神还提出一个更为根本的问题,即绝对精神的自我运动问题。在黑格尔哲学中,没有如同亚里士多德哲学那样生硬的加入一个"动力因",而是明确提出了绝对精神具有自我否定的矛盾性。绝对精神自我实现的需要对否定性的"植入"产生了黑格尔也没未曾预料的理论效应。黑格尔哲学绝对精神的自我实现求助于辩证法的逻辑,使辩证法以论证的方

---

① 《马克思恩格斯选集》第 1 卷,人民出版社 2012 年版,第 140 页。

式得以"复活"。众所周知，马克思没有最终完成用一个两个印张专门来叙述辩证法的计划。当恩格斯在《费尔巴哈论》中重回黑格尔的时候，就着力对蕴含在封闭体系中的辩证法进行了阐发与扬弃。

第三节　封闭思想的哲学理论体系

不言而喻，黑格尔哲学体系的方法中存在着矛盾。"黑格尔体系的全部教条内容就被宣布为绝对真理，这同他那消除一切教条东西的辩证方法是矛盾的；这样一来，革命的方面就被过分茂密的保守的方面所窒息。"[①] 恩格斯的上述批判蕴含着两个主要内容：其一，黑格尔的哲学体系中蕴含着鲜活的哲学思想，需要辩证的看，这是让哲学从黑格尔"思想中的时代"真正转变成"时代精神精华"的思想道路与实践方式；其二，黑格尔的哲学体系的根本问题在于教条式地宣布了存在的真理，因此不可避免地在与时代妥协中丢失了哲学的批判性与革命性，重建哲学的革命性与批判性就需要一方面打破黑格尔唯心主义的哲学体系，使手足倒立的辩证法真正以脚站立在现实的世界上，另一方面则是转换

---

① 《马克思恩格斯选集》第 4 卷，人民出版社 2012 年版，第 224 页。

黑格尔专注于体系的"艰苦的思维劳动"，直面和内化表征现实的实践活动。

黑格尔哲学体系与方法之间的矛盾不是方法与内容的矛盾，而是黑格尔哲学的自身矛盾。换言之，不是作为方法的辩证法与作为时代精神的思想之间的矛盾，而是黑格尔哲学所构造的封闭性消解了辩证法的批判性与革命性。黑格尔只是将现实的世界与存在看成先在观念的外化，从而颠倒了世界与现实之间的关系。"黑格尔的体系作为体系来说，是一次巨大的流产，但也是这类流产中的最后一次。"① 因为黑格尔的哲学理论体系，"包含着一个无法解决的内在矛盾：一方面，它以历史的观点作为基本前提，即把人类的历史看做一个发展过程，这个过程按其本性来说在认识上是不能由于所谓绝对真理的发现而结束的；但是另一方面，它又硬说它自己就是这种绝对真理的化身"②。理想体系对历史发现真正事实的独断裁定，不仅葬送了黑格尔在哲学中引入的历史意识，还把辩证法仅仅抽象化为方法。究其根本原因，在于维护体系逻辑完备的外在要求，主导了黑格尔哲学的内在追求。

然而，一个不可否认的事实是，黑格尔哲学在否定人的思维和行动具有最终性质的意义上来建立其真理体系的时候，恰恰又是最具有革命性的。黑格尔坚持认为"真理只有作为体系才是现

---

① 《马克思恩格斯选集》第 3 卷，人民出版社 2012 年版，第 399 页。
② 《马克思恩格斯选集》第 3 卷，人民出版社 2012 年版，第 399 页。

实的"①，真理自身的矛盾发展既是真理成为真理的过程，又是思想体系本身。因此，当黑格尔说真理不是直接知识、真理不能单纯由结论表达、真理概念具体的有机统一、真正是克服谬误的过程的时候，自然也就需要一种让真理自我发展的逻辑。黑格尔封闭的思想体系本身要求革命辩证法的事实，使人们不得不认真审视黑格尔的体系，也不得不深入去理解与探讨黑格尔辩证法的思想效应与实践后果。

黑格尔遵循德国哲学的传统，自青年时代起就立志要把理想转化成反思，转化成一个思想体系。这成为了他一生的事业，最后他创造了一个由理念、自然和精神三个部分构成的整体体系。对于黑格尔而言，建构思想体系的传统惯性，使他一方面专注于哲学思想学理的完备，另一方面自然也就影响了他对其体系内蕴含的思想的关注。在分析黑格尔关于"现实"与"理性"著名的命题的时候，恩格斯特别指出了黑格尔哲学体系内部蕴含的重要结论："凡是现存的，都一定要灭亡。"② 如前所述，虽然黑格尔注意到了真理只有在认识过程本才能达致，但是这种辩证法唯一承认的绝对的东西却不可能在封闭的思想体系中存活。一方面是由于黑格尔没在理论上阐释清楚，另一方面则是"因为他不得不去

---

① [德]黑格尔：《精神现象学》上卷，贺麟、王玖兴译，商务印书馆1979年版，第15页。

② 《马克思恩格斯选集》第4卷，人民出版社2012年版，第222页。

建立一个体系，而按照传统的要求，哲学体系是一定要以某种绝对真理来完成的"①。所以，黑格尔就不得不在《逻辑学》中给出了一个绝对理念外化成自然，再从精神中返回自身的一个循环的逻辑。

更为重要的是，黑格尔在《逻辑学》中建构的体系是"正"（肯定）—"反"（否定）—"合"（否定之否定）构成的体系。思想体系的表现形式、演进方式和存在方式体现出黑格尔坚持了一种以"否定"为核心的辩证法。也正是如此，恩格斯在分析黑格尔哲学的体系之后发出无奈的感叹："单是体系的内部需要就足以说明，为什么彻底革命的思维方法竟产生了极其温和的政治结论。"②体系使作为存在逻辑的辩证法直接赞同叙述方法，不得不说是这黑格尔哲学最大的遗憾。对于黑格尔而言，封闭思想的哲学体系支配着他的哲学致思，以至于"由于'体系'的需要，他在这里常常不得不求救于强制性的结构，对这些结构，直到现在他的渺小的敌人还发出如此可怕的喊叫"③。

这样看来，一旦超越黑格尔对体系的追求就会发现：其一，体系不过是真理运动的过程，而关键在于否定这一核心；其二，辩证法不仅是运动的规律，更是真正存在的表现形式和表达方

---

① 《马克思恩格斯选集》第4卷，人民出版社2012年版，第224页。
② 《马克思恩格斯选集》第4卷，人民出版社2012年版，第225页。
③ 《马克思恩格斯选集》第4卷，人民出版社2012年版，第225页。

式；其三，真理不过是人的意识对现实辩证运动的观念把握。然而，当黑格尔把体系作为绝对精神的实现的时候，这些东西都消失不见了，只剩下那个"虚构的思辨体系"。

因此，对于黑格尔庞大的客观唯心主义哲学体系，如何超越它既是马克思和恩格斯早在青年时代便遇到的重大理论难题，更是他们哲学创新的基础与地基。也正是因为如此，他们才不断地回到黑格尔。正是在回到黑格尔的过程中，他们形成了超越体系的思想方法与实践路径。在恩格斯看来，体系的"结构仅仅是他的建筑物的骨架和脚手架；人们只要不是无谓地停留在它们面前，而是深入到大厦夏里面去，那就会发现无数的珍宝，这些珍宝就是在今天也还保持着充分的价值。"因为"在一切哲学家那里，正是'体系'是暂时性的东西，这恰恰因为'体系'产生于人类精神的永恒的需要，即克服一切矛盾的需要"①。

走出黑格尔封闭思想的哲学理论体系，以实践与现实真正激发蕴含于黑格尔哲学中的鲜活思想，还原辩证法存在逻辑的本性，也就构成了马克思主义哲学创新的起点与根基之一。这同时也需要深入探讨黑格尔和马克思、恩格斯之间的费尔巴哈了。

---

① 《马克思恩格斯选集》第 4 卷，人民出版社 2012 年版，第 225 页。

第四章

费尔巴哈的"半截子唯物主义"

费尔巴哈是否属于德国古典哲学，是一个至今存有争议的议题。然而，费尔巴哈是马克思和恩格斯同黑格尔哲学的中间环节，却是不争的事实。对于马克思和恩格斯而言，对费尔巴哈既有他们青年时的近乎于狂热的"迷恋"，说"我们一时都成为了费尔巴哈派"；又有对费尔巴哈"割袍断义"的批判，直言"费尔巴哈设定的是'人'，而不是'现实的历史的人'。'人'实际上是'德国人'"①。

作为打破黑格尔哲学体系的费尔巴哈，尽管宣布了黑格尔哲

---

① 《马克思恩格斯选集》第 1 卷，人民出版社 2012 年版，第 155 页。

学的终结，但没有超越黑格尔哲学，从而使马克思和恩格斯很不满意。"费尔巴哈打破了黑格尔的体系，简单地把它抛在一旁。但是简单地宣布一种哲学是错误的，还制服不了这种哲学。"① 理解费尔巴哈这一重要中介，一方面是恩格斯对费尔巴哈重要理论贡献的思想定位与对其理论局限的深刻批判，另一方面则是在深刻检视费尔巴哈哲学的意义深入对历史唯物主义创新性的系统阐释。费尔巴哈对于德国古典哲学的终结具有不可磨灭的重要贡献，他虽未真正超越德国古德哲学，却为德国古典哲学唯心主义注入的唯物主义要素，在某种意义上真正开启了历史唯物主义创新的可能性，并以反证的方式强调了德国唯心主义能动性之于人与社会的重要意义。有鉴于此，完整呈现费尔巴哈哲学的主要内容，并在此基础上辨明损益，是解读《费尔巴哈论》的又一个前提性工作。

第一节　唯物主义的进步与唯心主义的退步

费尔巴哈是黑格尔哲学解体后的一个重要人物。他明确地表达了对黑格尔哲学，特别是"绝对观念"逻辑先在性与存在预设

---

① 《马克思恩格斯选集》第4卷，人民出版社2012年版，第229页。

性的批判。费尔巴哈正确地指出，观念作为人脑的产物，只是具有形式的超验性与意识的能动性，"物质不是精神的产物，而精神本身只是物质的最高产物"①。在对黑格尔思辨哲学的批判中，费尔巴哈直接与德国古典哲学的唯心主义划清了界线，"直截了当地使唯物主义重新登上王座"②。在费尔巴哈看来，"感性的、个别的存在的实在性，对于我们来说，是一个用我们的鲜血来打图章担保的真理。"③然而，费尔巴哈"仅仅把理论的活动看做是真正人的活动，而对于实践则只是从它的卑污的犹太人的表现形式去理解和确定"④。所以，恩格斯无比深刻地说："费尔巴哈所增加的唯物主义的东西，与其说是深刻的，不如说是机智的。"⑤

费尔巴哈对黑格尔哲学旧唯物主义的超越路径，直指德国古典哲学的唯心主义问题，却由于费尔巴哈只是从他"孤寂的头脑"来面对现实的社会生活，而使得费尔巴哈唯物主义进步与唯心主义的退步同行。施达克以费尔巴哈相信人类进步，宣称费尔巴哈是一个唯心主义者，恰恰是费尔巴哈对唯心主义的偏离。费尔巴哈把宗教和伦理的根据宣布为"唯物主义"的情感的时候，才真

---

① 《马克思恩格斯选集》第 4 卷，人民出版社 2012 年版，第 234 页。
② 《马克思恩格斯选集》第 4 卷，人民出版社 2012 年版，第 234 页。
③ 《费尔巴哈著作选集》上卷，荣震华等译，商务印书馆 1984 年版，第 68 页。
④ 《马克思恩格斯选集》第 1 卷，人民出版社 2012 年版，第 133 页。
⑤ 《马克思恩格斯选集》第 4 卷，人民出版社 2012 年版，第 232 页。

正成为了唯心主义者。据此，恩格斯指出费尔巴哈的唯心主义在于，"不是抛开对某种在他看来也已成为过去的特殊宗教的回忆，直截了当地按照本来面貌看待人们彼此间以相互倾慕为基础的关系，即性爱、友谊、同情、舍己精神等等，而是断言这些关系只有在用宗教名义使之神圣化以后才会获得自己的完整的意义"①。因此，费尔巴哈并没有真正理解建构宗教、伦理等社会意识形态的观念，而是在把唯物主义的现代学转化成了唯心主义的炼金术的基础上，说明了宗教和伦理等。

当然，费尔巴哈作为黑格尔唯心主义哲学体系的直接批判者，其唯心主义立场并非源于他自己的哲学选择和理论意愿，而应该从其唯物主义的内在局限来探究。正如恩格斯所说："费尔巴哈的发展进程是一个黑格尔主义者（诚然，他从来不是完全正统的黑格尔主义者）走向唯物主义的发展进程，这一发展使他在一定阶段上同自己的这位先驱者的唯心主义体系完全决裂了。"②吊诡的是，费尔巴哈却又是一个十足的唯心主义者。这就需要我们从费尔巴哈的唯物主义中来寻找原因了。

费尔巴哈的唯物主义，仅仅把人当作"感性对象"而非"感性存在"的唯物主义，从而"遗漏"人的"唯心主义"的能动性，他以感性的直观性直接否定唯心主义实质是重新回到了唯

---

① 《马克思恩格斯选集》第 4 卷，人民出版社 2012 年版，第 240 页。
② 《马克思恩格斯选集》第 4 卷，人民出版社 2012 年版，第 233 页。

心主义。早在《德意志意识形态》中，马克思和恩格斯就特别指出了费尔巴哈的这一问题。对人而言，费尔巴哈的一切研究都是在"现实的、单个的、肉体的人"的前提下展开的。这意味着费尔巴哈哲学视域中的感性其实就是直接给定的生物的人，为了达成对人的理解的哲学高度，于是他求助了"最高的直观"和"类的平等化"。费尔巴哈的这一唯物主义路向，只具备了唯物主义的形式，把直接给予的具体性赞同于唯物主义的唯物性，以具象的客体性取代了唯物主义的客观性。正是在这个意义上，马克思才说，费尔巴哈"在共产主义的唯物主义者看到改造工业和社会结构的必要性和条件的地方，他却重新陷入唯心主义"①。

费尔巴哈的唯物主义不同于德国古典哲学以观念（主体）统摄客体、以思维统一存在不同，而是把客体与主体统一、思维与存在的同一奠定于人的"类"本质之上。在费尔巴哈看来，类作为同人本质的抽象物，既具有感性的确实性，又具有主体的能动性。他曾这样表达他的哲学雄心："新哲学将连同作为人的基础的自然当作哲学的唯一的、普遍的、最高的对象——因而也将人本学连同自然学当作普遍的科学。"② 费尔巴哈把人的感性当作人的最高本质，打造了他所谓的"光明正大的感性哲学"。费尔巴

---

① 《马克思恩格斯选集》第1卷，人民出版社2012年版，第158页。

② 《费尔巴哈著作选集》上卷，荣震华等译，商务印书馆1984年版，第184页。

哈的这种感性实在论，深深地影响了马克思，"从费尔巴哈起才开始了实证的人道主义的和自然主义的批判。费尔巴哈的著作越不被宣扬，这些著作的影响就越扎实、深刻、广泛和持久；费尔巴哈著作是继黑格尔的《现象学》和《逻辑学》之后包含着真正理论革命的唯一著作。"① 然而，不久之后，马克思和恩格斯又明确地指出费尔巴哈的人实际上是"德国人"，即，是用抽取类性而形成的抽象的人。以祛除人的具体性的"类"表达人的感性确定，在其方法上直接运用了自然科学的方法来纯化人的感性，是由自然科学方法的客观性与人存在自然本性的客观性代替感性的"唯物主义"，从逻辑上我们显然知道这其实只是在唯心主义的基础上建构的一种理解感性的人的哲学抽象。

费尔巴哈作为一个杰出的哲学家，却也"停留在半路上，他下半截是唯物主义者，上半截是唯心主义者"②。费尔巴哈在反对庸俗唯物主义者的意义上，将人的感性置于哲学的地基来批判与反对黑格尔的唯心主义，但却没有吸收黑格尔作为方法的辩证法的存在论意义，因而只好救助于唯心主义的逻辑来实现唯物主义。所以，费尔巴哈实质上以唯物主义的方法引入了自然与人这一在他看来的唯物主义要素，根本没有系统地阐释唯物主义的历史逻辑。究其原因，就在于"费尔巴哈在这里把唯物主义这种建立在

---

① 《马克思恩格斯全集》第 3 卷，人民出版社 2002 年版，第 220 页。
② 《马克思恩格斯选集》第 4 卷，人民出版社 2012 年版，第 248 页。

对物质和精神关系的特定理解上的一般世界观同这一世界观在特定的历史阶段即 18 世纪所表现的特殊形式混为一谈了"①。也正是因为费尔巴哈唯物主义的内在局限性，一方面限定了他对黑格尔唯心主义批判的直观性；另一方面使他不得不借助唯心主义来面对他所遭遇的哲学难题。这既是因为费尔巴哈求助于直观对感性的抽象，又是因为费尔巴哈对唯心主义能动性形而上学的拒斥所致。

第二节　无人身的自然和宗教的爱

费尔巴哈以感性为根基的唯物主义，用自然的感性和人的感性，直接否定德国古典哲学的唯心主义。他的感性唯物主义既是其哲学的特点，也是其哲学的缺陷。如果深入思考就会发现，费尔巴哈的感性与人的活动无关，表达自然、爱这些自在感性的形而上学概念，而非真正表征是感性存在的感性活动。易言之，费尔巴哈没有理解感性是由人的生存和生活实践建构起来的感性世界，所以，他只能在去除人的意义来谈论自然；也正因为没有深入到人的感性活动中，所以只能宗教的来谈感性的爱。按恩格斯

---

① 《马克思恩格斯选集》第 4 卷，人民出版社 2012 年版，第 234 页。

的评价，就是"他紧紧地抓住自然界和人；但是，在他那里，自然界和人都只是空话"①。

费尔巴哈以哲学的方式来明确自然形体性、物质性的"感性"，认为"哲学是关于真实的、整个的现实界的科学，而现实的总和就是自然（普遍意义的自然）"②。在他看来，自然的实体性、感性就是第一性，意识的属人性和抽象性则为第二性。有自然这一唯物主义的事实，既使得自然的感性出现在人的面前，也使超自然的东西摆在人们面前。自然的感性与感性的自然以不可辩驳的实在性与客体性，奠定了存在唯物主义的根基。自然按其本性上来说，不靠人的支持，更不是黑格尔所谓的绝对精神的外化、异化的环节。自然自身的感性实在性，成就人及其世界本身。"没有自然，人格性、'自我性'、意识就是无，换句话，就成了空洞的、无本质的抽象物。"③然而，费尔巴哈所讲的自然，我们都会发现他将物质的感觉实在性直接等了感性。诚然，以感觉的实在性来确定的感性，无可否认的是唯物主义的客观性存在。但是，这些感性（感觉实在性）其实只是自然的本质属性与实在规定性，根本无法进入或成为人活动的实在性。

当然，费尔巴哈在阐释他感性范畴的哲学内涵之时，也从来

---

① 《马克思恩格斯选集》第4卷，人民出版社2012年版，第247页。

② 《费尔巴哈著作选集》上卷，荣震华等译，商务印书馆1984年版，第84页。

③ 《费尔巴哈著作选集》下卷，荣震华等译，商务印书馆1984年版，第122页。

没有忘记与人的活动联系起来。例如，他在强调感性与感觉的时候就曾说，"感觉乃是绝对的官能"①。无可置疑的是，费尔巴哈强调感觉的感性，遵循了从人出发进行认识的唯物主义规律，充分肯定了感觉在认识自然事物中的基础性作用。但其 18 世纪唯物主义的理论范式却使只能以感学反映感性，而非通过感觉生成感性。他坚持认为，"我们也没有任何理由可以设想，倘若人有更多的感官，人就会认识自然界的更多的属性或事物。在外界，在无机的自然界，是不会比在有机的自然界多出什么东西来的。人的感官不多不少，恰恰在世界的全体中认识世界之用"②。然而，他的感官的感觉是没有中介环节的直观感觉。在他看来，感官直接面对对象形成的直观才是真理。所以，在费尔巴哈哲学的逻辑中，现实性、真理性与感性是同一对象，即作为感性对象的现实事物。

经由上述分析，可以看出，费尔巴哈的感性自然突破了绝对自然的神秘性与外化自然的抽象性，以人的感觉直观的感性介入了自在自然的封闭性。可是，费尔巴哈感性直观介入的方式，却又和他的自然是纯粹的、客观的、绝对的感性对象相对立。这样一种与人无关的自然，本质上和绝对的实体没有太大的区别，只是换了一个自然的名称而已。正如马克思批判的那样，"先于人

---

① 《费尔巴哈著作选集》上卷，荣震华等译，商务印书馆 1984 年版，第 171 页。
② 《费尔巴哈著作选集》下卷，荣震华等译，商务印书馆 1984 年版，第 630 页。

类历史而存在的那个自然界，不是费尔巴哈生活于其中的自然界；这是除去在澳洲新出现的一些珊瑚岛以外今天在任何地方都不再存在的、因而对于费尔巴哈来说也是不存在的自然界。"① 由此可见，感性不是感觉对象的纯粹性，而是感觉生成的具体性与历史性。

对于人的感觉与感性而言，从来都不存在离开人的现实活动的感觉与感性，不仅是因为感觉的器官是人活动的产物，就是感觉的对象也是活动的产物，人的感性不过是在人的现实活动生成的客观具体性。所以，费尔巴哈"紧紧地抓住自然界和人；但是，在他那里，自然界和人都只是空话"②。

值得注意的是，费尔巴哈认为，感性哲学不仅应该体现在自然领域，而且还应该体现在人的活动领域。在他的感性哲学中特别具体地谈到了人作为感性存在的感性：爱。

与黑格尔不同，费尔巴哈首先从人的感性出发来探讨人的本质，在以感性对人的本质探讨中，他将爱这种感性活动置于了理论的核心。"一个完善的人，必定具备思维力、意志力和心力。思维力是认识之光，意志力是品性之能量，心力是爱。理性、爱和意志力，这就是完善性，这即是最高的力，这就是作为人的人的最高本质，这就是人生存的目的。人之所以生存，就是为了认

---

① 《马克思恩格斯选集》第1卷，人民出版社2012年版，第155页。
② 《马克思恩格斯选集》第4卷，人民出版社2012年版，第247页。

识，为了爱，为了愿望。"① 认识、爱和愿望这些在传统哲学中被摒弃的感性活动，被费尔巴哈提升为人的本质规定，这构成了费尔巴哈对人理解感性回归的理论道路。然而，从他无人身的自然观念中，我们就已发现他的直观感性本身必须求助于外在的力量才能建构成感性的整全性。

费尔巴哈就是在对爱的重视中逻辑地使宗教回归于哲学之中。他说，"孤独是思想家的需要，而交际则是心的需要。人能够单独思维，而爱却必需对象。在爱之中，我们是相互依赖的，因为，它是另一个存在者的需要"②。表面上看，费尔巴哈在拒斥思维和理性的抽象规定中也拒绝了传统宗教中上帝与世隔绝的抽象，但他所谓的"爱"是必须借由上帝外化成的"圣子"才能够体验得到。费尔巴哈爱的哲学之他者，作为人"类意识"生成的对象，具有与独立外在上帝区分开来的特殊，又必然表现那绝对类性的特质。因此，费尔巴哈的"爱"无非是昭示"三位一体"的超自然的宗教秘密而已。

费尔巴哈的"爱"表达了人需要他者的感性特质，他者作为圣子身份的事实，又使人重新回归于上帝之中。虽然，他这一逻

---

① ［德］费尔巴哈：《基督教的本质》，荣震华译，商务印书馆 1984 年版，第 31 页。

② ［德］费尔巴哈：《基督教的本质》，荣震华译，商务印书馆 1984 年版，第 107 页。

辑能够打破上帝绝对的封闭性，但却在爱的感性活动中肯定上帝的实在性。恩格斯批判到，费尔巴哈这一逻辑是"以一种本质上是唯物主义的自然观为基础建立真正的宗教，这就等于把现代化学当做真正的炼金术。如果无神论的宗教可以存在，那么没有哲人之石的炼金术也可以存在了"①。因此，为了提升其感性的形而上学性，费尔巴哈力图以人们在感性世界的直观中确立对爱的宗教信仰本向就是非历史的空想。就事实而言，"同他人交往时表现纯粹人类感情的可能性，今天已经被我们不得不生活于其中的、以阶级对立和阶级统治为基础的社会破坏得差不多了"②。就费尔巴哈宗教的爱的本质而言，"（费尔巴哈）仅仅限于在感情范围内承认'现实的、单个的、肉体的人'，也就是说，除了爱与友情，而且是理想化了的爱与友情以外，他不知道'人与人之间'还有什么其他的'人的关系'"③。费尔巴哈停留于宗教的爱，不过是对抽象的人的崇拜，"必定会由关于现实的人及其历史发展的科学来代替"④。

综上所述，费尔巴哈的感性虽然直指了自然和人的感性，但是无人身的自然和宗教的爱并没有构成感性的真正内涵。因为，

---

① 《马克思恩格斯选集》第 4 卷，人民出版社 2012 年版，第 241 页。

② 《马克思恩格斯选集》第 4 卷，人民出版社 2012 年版，第 242 页。

③ 《马克思恩格斯选集》第 1 卷，人民出版社 2012 年版，第 157 页。

④ 《马克思恩格斯选集》第 4 卷，人民出版社 2012 年版，第 247 页。

感性不是直接给予的具体性与感觉的实在性，而是感性活动的现实性与历史实在性。

第三节　历史的缺失及哲学的贫乏

马克思和恩格斯虽然曾经较为推崇费尔巴哈的哲学，但当他们深入到历史中的时候，就立即发现了费尔巴哈哲学的根本问题。由此，承接费尔巴哈提出的哲学问题，激发辩证法的生命力，内化历史与现实的存在论意义，就成为马克思和恩格斯真正超越费尔巴哈哲学的路径所在。那么，马克思和恩格斯究竟如何看待费尔巴哈的哲学呢？

在《德意志形态》中，马克思和恩格斯对费尔巴哈哲学有一个非常著名的判断："当费尔巴哈是一个唯物主义者的时候，历史在他的视野之外；当他去探讨历史的时候，他不是一个唯物主义者。在他那里，唯物主义和历史是彼此完全脱离的。"[①] 历史与唯物主义的分离，一方面使费尔巴哈在唯物主义地否定黑格尔的时候，只能是"机智"而不是深刻；另一方面使费尔巴哈缺乏历史的唯物主义是不彻底的唯物主义，必然借助唯心主义。

---

① 《马克思恩格斯选集》第 1 卷，人民出版社 2012 年版，第 158 页。

费尔巴哈哲学缺乏的历史感，使其只能以抽象的直观，来看待感性与感性的人。历史作为人的活动及其结果，必将体现为人现实的感性活动而非感性。然而，费尔巴哈无人身和自然与宗教的爱，逻辑地否定了感性活动对感性内容的生成与建构，从而退缩到非历史的感觉确实性之中。这使费尔巴哈既无法理解感性现实中的人的感性特质，又不能解决感性的形上规定性，而只能从确定性的角度进行"最高的直观"与"类的平等化"，从而看到具有感觉确定性而非感性确定性的"一般人"。

历史的缺乏致使费尔巴哈始终处于"普通的直观"中。他一味强调在"事物中看到事物"，使直观性在追求保有"一般人"的感性确定性、活动具体性时，失去了哲学应用的历史与超越视界，仅停留于具体的静态直观。"一般人"只是给定的现实的人，而不可能看到给定直观是社会历史积淀的结果，是人历史活动的成果。"一般人"的感性只是感性的对象，而非感性活动。以这种直观来反对形而上学的神性预设与知性割裂，在其内在性上必然产生结论对追求目的的背离。"普通的直观"无视历史发展对"一般人"的建构性成果，无实践哲学的视界，必然沦落为理论的想象。

与此同时，即使在费尔巴哈的"高级的哲学直观"中，理论的直观也只能把握到作为幻象的"一般人"，而非从事实践活动的现实的人。"理论的直观是美学的直观，而实践的直观却是非美学的直观。"① 作为费尔巴哈哲学核心的"一般人",虽然能够在概念形式上表面拒斥形而上学对人的设定与规制,超越现实的具体性抽象,但由于这种二重性,使之在挣脱形而上学传统的同时又不断地靠近与依赖于形而上学。以"一般人"来反叛传统形而上学与攻击近代哲学之时,只是将传统形而上学的"神话学"与近代哲学的内在性意识简单地替换成了"感性",这使费尔巴哈总是"求助于'最高的直观'和观念上的'类的平等化'。"

费尔巴哈缺乏历史的哲学,"没有批判地克服黑格尔,而是简单地把黑格尔当做无用的东西抛在一边"②,因此不可能真正超越黑格尔哲学,也不可能将黑格尔哲学中革命性的因素拯救出来。半截子唯物主义的费尔巴哈,将哲学割裂成两个对立的层级:他一方面延续了 18 世纪唯物主义的观念来阐释自然,成为一个坚定的唯物主义者;另一方面又不把历史理解成一个过程,成为摇摆的唯心主义者。这样的费尔巴哈,没能理解黑格尔把历史引入现代人观念之中的重要意义,也不知晓黑格尔作为概念运动方法的辩证法之革命性本质。在对黑格尔哲学的形而上学否定中,没有体现出费尔巴哈唯物主义哲学的意义。

费尔巴哈缺乏历史的贫乏哲学只能简单否定黑格尔哲学体系,未可真正地承接黑格尔提出的哲学问题,更无法回答黑格尔

---

① 《费尔巴哈著作选集》下卷,荣震华等译,商务印书馆 1984 年版,第 236 页。
② 《马克思恩格斯选集》第 4 卷,人民出版社 2012 年版,第 248 页。

哲学对时代精神的发问。恩格斯认为，黑格尔的头足倒置的辩证法，颠倒了现实与观念之间的关系，也就自然抽象化了历史的存在论意义和唯物主义本质。然而，历史本身存在的逻辑使马克思和恩格斯明白，现实的历史存在与人的感性活动创造了反映和改造世界的关系，辩证法其实是最具革命性的因素。正是在此意义上，恩格斯才说："我们重新唯物地把我们头脑中的概念看做现实事物的反映，而不是把现实事物看做绝对概念的某一阶段的反映。这样，辩证法就归结为关于外部世界和人类思维的运动的一般规律的科学。"① 也就是说，虽然费尔巴哈把思维与存在的关系问题作为他重要的哲学问题来思考，但由于历史没有进入到他的哲学思维之中，所以存在的客观性与思维的能动性，只是停留于单一片面的自然和抽象的人。

费尔巴哈缺乏历史的贫乏哲学，消耗了哲学的批判性，使其只能在"爱"的虚幻中面对现实社会存在矛盾。费尔巴哈只有没有历史的唯物主义和没有唯物主义的历史观，所以不可能理解社会历史运动的根本动力。在其具体的表现上就是，"费尔巴哈就没有想到要研究道德上的恶所起的历史作用"②。所以，费尔巴哈最多只能把道德还原为人追求幸福的欲望，在人的社会行为中坚

---

① 《马克思恩格斯选集》第 4 卷，人民出版社 2012 年版，第 249—250 页。
② 《马克思恩格斯选集》第 4 卷，人民出版社 2012 年版，第 244 页。

持"对己以合理的自我节制，对人以爱（又是爱！）"[①]。将人活动的社会历史内涵的去除，使"费尔巴哈的道德或者是以每一个人无疑地都有这些满足欲望的手段和对象为前提，或者只向每一个人提供无法应用的忠告"[②]。

总而言之，费尔巴哈缺乏历史的哲学，"无论关于现实的自然界或关于现实的人，他都不能对我们说出任何确定的东西。要从费尔巴哈的抽象的人转到现实的、活生生的人，就必须把这些人作为在历史中行动的人去考察"[③]。从历史行动的人去考察人的感性与感性的人，正是马克思、恩格斯所完成的哲学革命。

[①] 《马克思恩格斯选集》第4卷，人民出版社2012年版，第244页。
[②] 《马克思恩格斯选集》第4卷，人民出版社2012年版，第245页。
[③] 《马克思恩格斯选集》第4卷，人民出版社2012年版，第247页。

第五章

新世界观天才萌芽的首个文献

《费尔巴哈论》第 1 版发表时，将马克思的《关于费尔巴哈的提纲》，置于该书的"附录"部分首次公诸于世。起初，这篇文献是在马克思 1843—1847 年笔记中，当时的标题为"关于费尔巴哈"。彼时，正值欧洲无产阶级革命运动的高潮，开始从分散的经济斗争转向有组织的政治斗争。但与此同时，在工人运动中流行的空想社会主义，根本无法适应社会革命的需要。"它既不会阐明资本主义制度下雇佣奴隶制的本质，又不会发现资本主义发展的规律，也不会找到能够成为新社会的创造者的社会力量。"[①] 在创

---

① 《列宁选集》第 2 卷，人民出版社 2012 年版，第 313 页。

立科学的世界观和正确的革命理论的迫切要求下，清算费尔巴哈旧唯物主义的思想影响，《关于费尔巴哈的提纲》于 1845 年春应运而生。

1888 年，出于进一步拓展研究的需要，恩格斯在作了适量具体细节上的修改后，以"马克思论费尔巴哈"为题，把《关于费尔巴哈的提纲》正式刊印出来。这个提纲性的文件，虽篇幅短小却思想丰富。马克思从实践的观点出发，一方面将实践界定为认识的基础、标准及目的，把它引入社会历史研究中，揭示社会生活的本质，使实践成为马克思主义哲学的基本范畴；另一方面从根本上批判了费尔巴哈和一切旧唯物主义的局限性，通过清算唯心主义历史观来同全部旧哲学划清界限，为马克思主义哲学的创立奠定了基石。上述基本思想在马克思后来的著作中得到了充分的发展，故而恩格斯称之为"包含着新世界观天才萌芽的首个文献"。

第一节　实践之于认识和改造世界的意义

马克思从实践的观点出发来阐释认识世界和改造世界，实现了对旧唯物主义和唯心主义的双重超越。不了解实践在人的认识过程中的作用，把现实世界当作认识对象而非实践对象，是包括费尔巴哈在内的一切旧唯物主义的主要缺点。正如马克思所说:"对对象、现实、感性,只是从客体的或者直观的形式去理解,而不是把它们当做感性的人的活动,当做实践去理解,不是从主体方面去理解。"① 换言之,旧唯物主义者尽管坚持存在第一性、思维第二性的原则,将意识理解为人脑的产物和现实世界的反映,但不能正确回答现实世界如何反映到人脑的问题。

熟悉费尔巴哈哲学的人都知道,对象、现实和感性是费尔巴哈著作中的高频术语。这三个概念皆指向相同的内涵,即能够被人所感觉到的现实世界,包括客观存在的个人和各种事物,没有对此作进一步的明确区分。相反,马克思则把个人与现实世界的关系划分为两个层面:改造和被改造的关系、认识和被认识的关系。其中,前一个层面是后一个层面的前提。也就是说,个人对现实世界的认识,须建立在个人对现实世界的改造之上,个人唯有在改造现实世界的过程中方可认识它。相应之下,现实世界先成为实践对象再作为认识对象而存在。同样,个人也首先是改造现实世界的主体。

费尔巴哈等旧唯物主义者,在理解个人与现实世界的关系,只考虑认识与被认识的关系,缺乏对这一关系的前提的把握。他们在考察个人与现实世界的全部关系时,将实践彻底排除出去。

---

① 《马克思恩格斯选集》第 1 卷,人民出版社 2012 年版,第 133 页。

如此一来，认识世界和改造世界成为毫不相干的事情，个人只能消极地、直观地对现实世界作出反映。"费尔巴哈想要研究跟思想客体确实不同的感性客体，但是他没有把人的活动本身理解为对象性的［gegenständliche］活动。因此，他在《基督教的本质》中仅仅把理论的活动看做是真正人的活动，而对于实践则只是从它的卑污的犹太人的表现形式去理解和确定。"① 一言以蔽之，费尔巴哈压根不懂得"革命的"、"实践批判的"活动的意义。

被旧唯物主义者所忽视的认识的能动性，反而在唯心主义者那里得到了抽象的发展。这种抽象的发展实乃片面夸大和歪曲。在唯心主义者看来，思维具有第一性，存在则为第二性；意识可以完全脱离物质而独存，整个现实世界皆为思维的产物。由此可见，唯心主义者所把握的认识的能动性，仅仅是意识的而非现实的个人的能动性。不仅如此，他们之所以还无法正确说明意识的能动性，就在于"不知道现实的、感性的活动本身"②。马克思认为，实践活动是认识的能动性的基础。唯心主义把意识视为不受任何现实条件和实践互动所制约的事物，甚至赋予它以现实世界的"造物主"的地位，注定只能抽象地发展认识的能动性。

在人的认识过程中，真理标准是一个重要的问题。在这个问题上，马克思主义哲学同旧唯物主义和唯心主义之间存在分歧。

---

① 《马克思恩格斯选集》第1卷，人民出版社2012年版，第133页。

② 《马克思恩格斯选集》第1卷，人民出版社2012年版，第133页。

唯心主义者总是从认识本身中找寻真理标准，因而否认真理作为客观事物及其发展规律在人脑中的反映。费尔巴哈之类的旧唯物主义者，虽然承认真理的客观性，但由于不理解实践在认识中的作用，在真理标准问题上陷入唯心主义。不论是将人的感性直观作为认识从而真理的标准，还是以多数人的意见为真理的标准，都没有超过主观意识的范围。

针对从直观意识上探究真理标准的做法，马克思强调，"人的思维是否具有客观的［gegenständliche］真理性，这不是一个理论的问题，而是一个实践的问题"①。这就意味着，应当从实践而不是认识本身中探寻真理的标准。究其实，思维可否具有真理性，是思维与存在能否一致的问题。这个问题既无法在思维范围内得到证明，也不能依靠存在本身加以验证，因而只得诉诸思维与存在之间的"桥梁"，即实践。人们首先在实践中获得认识，再用这种认识去指导实践。如果达到了预期目的，就证明认识是正确的、具有真理性；反之则是错误的、不具有真理性。脱离实践来单纯探讨思维的真理性、思维能否反映存在，注定沦为经院哲学式的索然无味之事。

正是在此意义上，马克思才说："人应该在实践中证明自己思维的真理性，即自己思维的现实性和力量，自己思维的此岸

---

① 《马克思恩格斯选集》第 1 卷，人民出版社 2012 年版，第 134 页。

性。"① 在这里，思维的真理性，意指思维具有反映现实的能力，它只要正确反映客观规律就可以转化为现实。此岸性则为康德哲学的术语，康德把现实世界分为此岸世界和彼岸世界，分别指代自在之物即本质和现象。在康德看来，人的认识只能到现象层面而无法触及本质。马克思虽借用了康德的术语，却表达了和他截然相反的观点。所谓思维的此岸性，是指人通过实践可以透过现象认识到本质。实践能够证明思维的真理性，人的认识能力在实践中具有无限性。

除此之外，实践还在改造世界特别是人的主观世界的过程中，发挥着重要的作用。马克思从批判旧唯物主义的环境决定论入手，阐释了上述观点。具体而言，18 世纪法国唯物主义者爱尔维修、霍尔巴赫等人认为，环境和教育决定着个人的思想和行动，前者的变化带动了后者的改变。这里的教育是广泛意义上来说的，指的是社会环境影响的总和。强调环境和教育对于个人的决定作用，虽然具有一定的合理性，但是其局限性亦很明显。一方面，它忽视了环境和教育本身从根本上有赖于人的实践，个人通过实践可以能动地改造环境和教育。"环境是由人来改变的，而教育者本人一定是受教育的。"② 另一方面，这种学说把环境限制在上层建筑的范围，也就是国家、法律、文化、政治制度和教

① 《马克思恩格斯选集》第 1 卷，人民出版社 2012 年版，第 134 页。
② 《马克思恩格斯选集》第 1 卷，人民出版社 2012 年版，第 134 页。

育制度等，没有涉及经济基础的内容，进而将历史看作是少数天才的创造物，重蹈唯心主义历史观的覆辙。

更有甚者，旧唯物主义的环境决定论中存在着自相矛盾的地方，它在强调环境塑造个人的同时，却又把环境的决定因素归结为人的理性。事实上，"环境的改变和人的活动或自我改变的一致，只能被看做是并合理地理解为革命的实践"①。这就是说，环境的改变过程即为实践的过程，个人在改变环境的实践中同时改变了自身，环境改变和人的自我改变对立统一于实践。如此一来，便克服了旧唯物主义的环境决定论的矛盾。总而言之，在解决个人与环境、主观世界与现实世界的关系问题上，只有把实践的观点运用于社会历史研究中，才能得出正确的结论。

第二节　实践在社会历史领域中的作用

在论证了实践之于认识世界和改造世界的意义后，马克思接下来自然要探讨实践在人的认识中、特别是社会历史领域中的具体作用。基于此，他不仅批判了费尔巴哈的唯心主义历史观，还阐释了历史唯物主义的一些基本观点。

---

① 《马克思恩格斯选集》第 1 卷，人民出版社 2012 年版，第 134 页。

　　首先，剖析了费尔巴哈的宗教哲学思想。众所周知，费尔巴哈终其一生致力于宗教研究，在传统宗教批判和与有神论斗争的基础上，建立起自己的宗教哲学。马克思认为，费尔巴哈的宗教哲学有着一定的进步意义，其以宗教导致的宗教世界和世俗世界的二重性为批判起点，是正确的做法。他的另一大功绩则在于，剥离了宗教的神秘外衣，将上帝还原为人的自我形象的塑造之物，"把宗教世界归结于它的世俗基础"①。

　　尽管如此，费尔巴哈的宗教哲学带有明显的缺陷，并突出表现为止步于揭示宗教的本质，没有找到宗教产生的真正根源，从而无法指明解决宗教问题的根本出路。运用实践的观点分析宗教的产生根源和解决路径，马克思指出，宗教绝不是与生俱来的社会现象，亦非来源于费尔巴哈所说的个人对环境的依赖感，而是产生于世俗基础，也就是人类社会历史发展的产物。尤其是到了阶级社会中，阶级矛盾和阶级斗争的不断演化，使得被统治阶级用宗教的"鸦片"来缓解现实的痛苦，希冀从天国中获得幸福。与此同时，统治阶级也更乐于见到并主动用宗教来麻痹被统治阶级，使他们安于现状。一旦了解宗教赖以形成和发展的基础在于私有制和阶级的产生，就要对这个基础进行彻底的批判。换言之，只有投身于消灭阶级和阶级对立的革命实践中，才能找到解

————————

　　① 《马克思恩格斯选集》第 1 卷，人民出版社 2012 年版，第 134 页。

决宗教问题的正确途径。正如马克思所说："对于这个世俗基础本身应当在自身中、从它的矛盾中去理解，并且在实践中使之发生革命。"①

其次，揭示了费尔巴哈陷入唯心主义历史观的根源。诚然，费尔巴哈坚持存在第一性和思维第二性，拒斥抽象思维创造现实史观的观点，转而研究直观所呈现的现实世界。但是，这种诉诸感性的直观，只是消极的、被动的、静止的反映，不是从实践中得出的客观事物的本质。要言之，"他把感性不是看做实践的、人的感性的活动"②。如此一来，人的主观能动性被完全抹杀了。正是将实践从人的活动中排除出去，才导致费尔巴哈陷入唯心主义历史观中。

最后，驳斥了费尔巴哈把人仅仅归结为自然存在物的错误看法。用人的本质说明神的本质，虽不失为费尔巴哈的一大理论贡献；却同时又将人的本质局限于自然属性方面，包括维持肉体生存的外部自然条件和宗教感情（理性和爱）等，也就是抽象的人。费尔巴哈所谓的宗教感情，不过是社会历史的产物。个人始终是属于一定社会形式的人，其各种情感不是超越特定社会历史的、与生俱来的东西，而是对社会存在的反映。"人的本质不是单个人所固有的抽象物，在其现实性上，它是一切社会关系的总

---

① 《马克思恩格斯选集》第 1 卷，人民出版社 2012 年版，第 134 页。
② 《马克思恩格斯选集》第 1 卷，人民出版社 2012 年版，第 135 页。

和。"① 缺乏对这种现实的本质的批判，致使费尔巴哈不得不"（1）撇开历史的进程，把宗教感情固定为独立的东西，并假定有一种抽象的——孤立的——人的个体。（2）因此，本质只能被理解为'类'，理解为一种内在的、无声的、把许多个人自然地联系起来的普遍性"②。

人的本质中的社会关系，不是单一的而是丰富的，不是主次不分的而是内部有别的，不是没有属性的而是有阶级性的。扩而言之，个人基于生产活动而进行的社会活动的多样性，决定着个人所结成的社会关系的复杂性。在各种错综复杂的社会关系中，生产关系和其他社会关系的地位也不尽相同。在阶级社会中，个人的生产关系集中表现为一定的阶级关系，并受到其所处阶级的制约。相应之下，对人的本质的考察也是多方面的和主次有别的。从根本上说，费尔巴哈之所以把人的本质理解为抽象的人，就在于没有从实践出发来考察个人。以实践为起点，并用一切社会关系的总和来规定人的本质，意味着人的本质是具体的、历史的、发展的。

这样，对费尔巴哈的宗教哲学、唯心主义历史观和人的本质观的批判，最后落脚到实践上。在马克思看来，实践是全部社会生活的本质。个人作为社会生活的基本单元，其最基本的活动即

---

① 《马克思恩格斯选集》第 1 卷，人民出版社 2012 年版，第 135 页。

② 《马克思恩格斯选集》第 1 卷，人民出版社 2012 年版，第 135 页。

为生产实践。离开了生产实践，就没有人的社会更无法形成社会生活。除了生产实践之外，实践还包括变革社会的实践活动、探索世界规律的科学实验。没有这些实践活动，就无所谓社会及其社会生活。与此同时，实践也是一切社会意识赖以产生的基础，即使是神秘主义理论，也可以在实践中找到根源。正如马克思所说："凡是把理论引向神秘主义的神秘东西，都能在人的实践中以及对这种实践的理解中得到合理的解决。"①

费尔巴哈的直观唯物主义，由于不懂得实践在社会历史领域中的作用，没有认识到人的本质在于全部社会关系的总和，而只能把社会理解为孤立的、抽象的个人的简单机械组合。据此，马克思进一步指出，直观的唯物主义"至多也只能达到对单个人和市民社会的直观"②。这就是说，费尔巴哈的唯物主义，没有将资本主义社会中的个人当作社会的人来考察，只能看到个人及其思想动机在社会历史中的作用，不能理解广大人民群众的历史作用，以及个人的思想动机产生的物质根源。相反，马克思能从实践出来考察社会历史和现实的个人，从而揭示出社会的本质和社会历史发展的规律。

通过批判费尔巴哈哲学，探究实践在社会历史领域中的作用，不难得出马克思主义哲学的根本特点。在马克思看来，马克

---

① 《马克思恩格斯选集》第 1 卷，人民出版社 2012 年版，第 135—136 页。
② 《马克思恩格斯选集》第 1 卷，人民出版社 2012 年版，第 136 页。

思主义哲学和旧唯物主义之所以产生根本分歧，就在于它们各自相适应的社会基础不同。其中，市民社会即资本主义社会，是旧唯物主义的落脚点；旧唯物主义作为资产阶级的世界观，代表了资产阶级的利益。马克思和恩格斯创立的"新唯物主义"，则立足于"人类社会或社会的人类"①。只有消灭了阶级对立和剥削制度的社会，方为真正的人类社会。相应之下，社会的人类，是以人的解放为己任的无产阶级。同以往的农民阶级和小生产者相比，与社会化大生产相伴而生的无产阶级，最富有革命的彻底性。马克思主义哲学的阶级基础就在于无产阶级。换句话说，马克思主义哲学是无产阶级的世界观，是他们认识世界和改造世界的思想武器。

第三节　马克思主义哲学的重大变革实质

将马克思对费尔巴哈哲学的上述清理，置于整个哲学史发展图景中加以审视，不难总结出马克思主义哲学所实现的重大变革及其实质。马克思指出，综观截至他所处时代的全部哲学史，旧唯物主义中的"纯粹"唯物主义，坚持客体至上的原则，把人彻

---

① 《马克思恩格斯选集》第 1 卷，人民出版社 2012 年版，第 136 页。

底排除在外；费尔巴哈的直观唯物主义，主张自然界的优先性，以抽象的人为研究对象；客观唯心主义对理性推崇备至，并赋予它以"自在之物""绝对理念"等各式称谓；主观唯心主义则将"自我意识"抬高到极致，认为它是一切事物的创造者。马克思和恩格斯创立的"新唯物主义"，从个人与现实世界的关系出发，把实践归结为围绕个人与现实世界关系而进行的活动，既承认自然界的优先地位，又拒斥脱离现实世界的理性原则和不受现实世界制约的自我意识，从根本上避免了以前的全部旧哲学的片面性和极端性。如此一来，不仅同在思辨基地上建立起来的旧哲学体系之间有了实质的区别，而且为新哲学的进一步发展提供了前提，从而具有重大的哲学变革意义。

一是哲学思维方式的变革。旧唯物主义和唯心主义，均在哲学基本问题——思维与存在的关系——上偏执于两个极端的抽象对立，它们的区别只在于以极度抽象的存在抑或思维为主导而已。不论是把存在粗暴地还原为思维，还是将思维简单地归结为存在的产物，都没有摆脱非此即彼的形而上学思维方式。只有坚持辩证的思维方式，以实践为基础和中间环节，才能真正揭示思维与存在的真正关系。在此基础上，恩格斯后来把同实践的结合与否和怎样结合，作为哲学思维方式变革的重要标志。他认为，原始的和朴素的但实质上正确的辩证法思想，尽管揭示出万事万物所构成的整体联系的现象及其一般性质，却没有充分结合实践对具体事物加以详细说明。近代纯粹形而上学的机械唯物主义，虽然充分吸收了实践中的科学实验及其成果，但是不懂得实践的丰富多样性。唯有从实践考察个人与现实世界关系、坚持辩证法的马克思主义哲学，才是"唯一的、最高度地适合于自然观的这一发展阶段的思维方法"①。

二是哲学体系形态的转化。先确立基本原则再进行核心概念推演，是以往的旧哲学体系的普遍建构方式。从唯心主义以主观性原则为前提，诉诸绝对理念或自我意识等来统摄现实世界的运演；到旧唯物主义从客观性原则出发，通过抽象的存在来规范现实世界的发展；这样建构起来的静止的逻辑架构、封闭的语言系统，根本无法解释现实世界的变化与动态开放的过程。只有从实践出发说明存在，才能不仅把个人与世界的关系理解为伴随现实发展而持续生成的过程，而且从实践格局的时代转换中不断更迭哲学的内容和结构。

三是哲学史意义的深刻揭示。《关于费尔巴哈的提纲》的每条只有寥寥数语，却蕴含着强大的历史感。每一个条目中都有基于哲学史的概括和诠释，以历程梳理和流派评说相结合的方式，表达出自觉的哲学史意识，极大地拓展了哲学史研究的适用范围。从哲学史作为哲学研究的主要环节，到哲学史料作为创立哲

---

① 《马克思恩格斯全集》第20卷，人民出版社1971年版，第555页。

学理论的基本前提，再到哲学史学习作为锻造思维能力的重要途径，无不彰显出哲学史之于哲学理论的独特意义。

四是哲学家使命的重新定位。诚如马克思所言："哲学家们只是用不同的方式解释世界，问题在于改变世界。"① 这就是说，马克思主义哲学产生以前的哲学家们，包括唯心主义者和旧唯物主义者，没有认识到实践之于认识和改造世界的意义，因而无从解决认识世界与改造世界的关系问题。例如，费尔巴哈就把哲学家的使命，限制于消极地观察世界。事实上，对于真正的哲学家而言，具有深厚的理论素养、广博的知识结构、独到的理解能力、深邃的生命体验、崇高的人格魅力等，还是不够的。唯有具备把理论素养和知识储备转化为实践能力，以改变世界从而使人类趋向美好，方可谓哲学家的真正使命。

---

① 《马克思恩格斯选集》第 1 卷，人民出版社 2012 年版，第 136 页。

第六章

黑格尔哲学遗产的重新清理

在马克思主义哲学的形成史中，黑格尔始终占据着重要的位置。马克思和恩格斯对黑格尔哲学，特别是其辩证法的认识、批判、改造以及运用的程度，在一定意义上也影响着马克思主义哲学发展的状况。对黑格尔辩证法的合理内核进行系统地改造，是马克思和恩格斯的共同愿望。

马克思在撰写《资本论》及其手稿的过程中，明确提到黑格尔的逻辑学和辩证法对他加工材料和思想表达的帮助，并愿意抽出时间"用两三个印张把黑格尔所发现、但同时又加以神秘化的方法中所存在的合理的东西阐述一番"①。恩格斯也高度重视对辩证法的系统改造，他在 1859 年给马克思的《〈政治经济学批判〉第一分册》写的书评中指出，马克思"使辩证方法摆脱它的唯心主义的外壳并把辩证方法在使它成为唯一正确的思想发展形式的简单形态上建立起来"，是一个"意义不亚于唯物主义基本观点的成果"②。直到 1888 年，恩格斯出版《费尔巴哈论》，较为全面系统地清理与黑格尔的关系时，这一愿望才得以实现。

第一节　理性和现实的真正关系

哲学革命无疑可以成为政治革命的先导，但法国和德国的情况却有所不同。在法国，以伏尔泰、拉美特利、霍尔巴赫等人为代表的唯物主义革命和无神论使法国的政治革命如暴风骤雨地出现，而德国哲学虽然发展了被法国唯物主义忽视的人的能动性方面，但其中的革命因素却是隐蔽、畏缩地潜藏在迂腐晦涩的言词和笨拙枯燥的语句里面——黑格尔哲学就是其典型代表。在恩格斯看来，只有诗人海涅才注意到了这一点。海涅在 1833 年发表的《论德国的宗教和哲学的历史》对德国精神生活领域发生的事

①　《马克思恩格斯文集》第 10 卷，人民出版社 2009 年版，第 143 页。
②　《马克思恩格斯选集》第 2 卷，人民出版社 2012 年版，第 13 页。

情进行了评述，认为从斯宾诺莎开始到黑格尔结束的哲学完成了泛神论的革命，德国哲学革命之所以能够成为即将到来的民主革命的先兆，就在于它能唤醒德意志民族的集体记忆——泛神论，为物质领域的革命提供动力。

那么，如何把德国哲学中的革命力量揭示出来呢？恩格斯和海涅一样，都注意到了黑格尔在《法哲学原理》中最著名的命题，"凡是合乎理性的东西都是现实的，凡是现实的东西都是合乎理性的"[①]。海涅在其书信中记述了他与黑格尔之间一段意味深长的交往趣事："有一次，当我发现对'凡是存在的都是合理的'这句话有点困惑不解时，'哲学之王'颇有点奇怪地发笑起来，并指出：要知道这句话的意思也是指一切合理的东西都应当存在。……之后他惊惶地环顾左右，而又平静下来，并相信只有亨利希·贝尔听见了他的话。"[②] 这段话漫画式地体现了黑格尔本人及其哲学的秘密和保守特质："现实即合理"的命题实际上包含着对现存的批判和反对这一革命性因素——换言之，这句话实质上辩证地指向：现实的其实是不合理的，黑格尔却试图将这一因素秘而不宣地隐藏起来。

黑格尔哲学之所以被许多人理解对一切现存的神圣化，理解

---

① 黑格尔：《法哲学原理》，范扬、张企泰译，商务印书馆 1961 年版，第 11 页。

② 海涅：《海涅全集》，恩斯特·埃耳斯特尔出版，莱比锡和维也纳第 6 卷，第 535 页。

为在哲学上为专制王权、警察国家、王室司法、书报检查等制度做辩护，恰恰就在于他们没有真正理解"现实"的真正含义。在黑格尔那里，哲学的真正内容就是现实（Wirklichkeit），即本质与实存所形成的统一。换言之，现实实际上并非现成地、当下地、直接地被给予之物，而是理性必然性的体现。但是，人们对"现实"的理解却被污染和误导了。

一方面，在日常生活中，"现实"往往被当成了现象界的偶然性实存。黑格尔恰恰反对这种看法，他指出，"就定在一般说来，一部分是现象，仅有一部分是现实的。在日常生活中，任何幻想、错误、罪恶以及一切坏东西，一切腐败幻灭的存在，尽智人们都随便把它们叫做现实。但是，甚至在平常的感觉里，也会觉得一个偶然的存在不配享受现实的美名。因为所谓偶然的存在，只是一个没有什么价值的、可能的存在，亦即可有可无的东西"①。

另一方面，在对知性的理解中，"现实"被当作基于主观性的外部反思之物。这是思维方法诉诸于理智的抽象同一性，完全割裂了理念与现实的关系，因为它只知道将来自于自身的一般原则加之于对象，并用"应当"来观照和要求"现实"，却不知道"理念并不会软弱无力到永远只是应当如此，而不是真实如此"②。所以，对黑格尔而言，现实性是在理念发展过程中展开的必然性，

① ［德］黑格尔：《小逻辑》，贺麟译，商务印书馆 1980 年版，第 44 页。
② ［德］黑格尔：《小逻辑》，贺麟译，商务印书馆 1980 年版，第 45 页。

只有体现理性必然性的现存才是现实；相反，那些丧失必然性的现存是不具有现实性的，必然会在理性的运动中被否定。

在恩格斯看来，黑格尔这段名言具有很强的批判意义。他以罗马帝国代替罗马共和国和法国 1789 年大革命推翻君主专制统治为例，指出现实性绝不是某种社会制度或政治制度在一切环境和一切时代所固有的属性，而毋宁是在历史过程中生成的、变化的暂时性。一种事物、一种社会制度之所以在历史或当下具有现实性，恰恰在于其中包含着合理性、必然性的内容，一旦这种合理性和必然性丧失，其现实性也会消失。而在当下虽然尚未实存、但却显露出必然性"征候"和强大生命力的新事物，就会取代衰亡的所谓现实的东西，成为新的现实。在这种情况下，君主制变得不是现实的，而革命才是现实的。面对旧的丧失必然性、现实性及其存在权利的东西，"不加抵抗即行死亡，那就和平地代替；如果旧的东西抗拒这种必然性，那就通过暴力来代替"①。

例如，毛泽东在《星星之火，可以燎原》一文中对"中国革命高潮"即将到来作出预测，指出这一马克思主义的预测不是算命先生可以机械规定时日的东西，而是一种大趋势和大方向；不是某种"应然"或"可能"的东西，而是能够真实存在的、具有实践意义的东西。他说，"它是站在海岸遥望海中已经看得见桅

---

① 《马克思恩格斯选集》第 4 卷，人民出版社 2012 年版，第 222 页。

杆尖头了的一只航船，它是立于高山之巅远看东方已见光芒四射喷薄欲出的一轮朝日，它是躁动于母腹中的快要成熟了的一个婴儿"①。很显然，这里的中国革命就是一种具有必然性的"现实"。

恩格斯指出，通过对黑格尔命题的分析，其辩证法就转向了自己的反面，不再是保守地为现存事物和制度作辩护，而是历史地、暂时地肯定其现实性和必然性。换言之，那些现实的东西随着时间推移必然丧失合理性，因为一切事物在它产生之时，已经孕育着否定自己的因素；而那些合乎客观规律的、具有必然性的东西，不管它和现有的表面现象如何矛盾，是迟早会取代旧的东西而成为现实的。按照这样的逻辑推论，恩格斯认为，黑格尔"凡是现实的都是合理的"这个命题，就变为另一个命题"凡是现存的，都是应当灭亡的。"

第二节　辩证法的合理内核及其革命性

将黑格尔"凡是现实都是合理的"的命题辩证地转换为"凡是现存的，都是应当灭亡"这一命题后，恩格斯实际上已经摘掉了笼罩在黑格尔辩证法外表那层神秘缥缈的面纱，直击辩证法的

———————

① 《毛泽东选集》第 1 卷，人民出版社 1991 年版，第 106 页。

革命性合理内核。在恩格斯看来，由于承认认识和社会每一个阶段在一定时间和条件范围内都有存在的理由，辩证法无疑具有保守的方面，但辩证法的保守性是相对的，"它的革命性质是绝对的——这就是辩证哲学所承认的唯一绝对的东西"①。把辩证法绝对的、革命的一面解放出来，只能诉诸基于"时间性"的"否定性"，释放事物内部的独立的、永不停息的力量。

黑格尔指出，"辩证法是现实世界中一切运动、一切生命，一切事业的推动原则"②。正是因为辩证法以一种内在超越的形式贯穿于整个黑格尔哲学，所以尽管黑格尔哲学的体系宏大而封闭，但其内部却充满着生机和活力；尽管绝对精神被设立了起点和终点，但它始终是运动、发展和变化的。对于黑格尔而言，哲学的全部目的，就在于阐明绝对精神由自在、自为再到自在自为以及自我异化、自我扬弃和自我复归的过程。这一过程与辩证法的"肯定—否定—否定之否定"的过程是一致的，并贯穿于整个逻辑学、自然哲学和精神哲学。其中，"否定性"是运动的源泉和动力，发挥着至关重要的作用。在《逻辑学》中，"否定性"意味着超越知性的片面性局限性，达到对必然性内容的理性认识（即真理）。

到了《精神现象学》中，"否定性"意味着一种中介形式，

---

① 《马克思恩格斯选集》第 4 卷，人民出版社 2012 年版，第 223 页。

② ［德］黑格尔：《小逻辑》，贺麟译，商务印书馆 1980 年版，第 177 页。

使作为纯粹同一性和普遍性的自在状态进入一种被规定了的自为状态。不过，对于黑格尔来说，无论处于绝对精神任何一个发展阶段的"否定性"，都不过是"肯定—否定—否定"（抑或是"正题—反题—合题"）上的一个环节。"否定性"虽然是超越性的能动原则，但它同时也是限制性的，因为它必须立足肯定（正题）而又回到肯定（合题）；并且，概念与概念的矛盾是通过过渡到更高阶段的概念来解决的，理念与现实的矛盾可以在理念内部达到和解，其最终目的是服务于体系的圆满和充实。所以，黑格尔的辩证法并不能称为"否定的辩证法"。相反，在绝对的、思辨的唯心体系下，黑格尔辩证法的否定意义被大大削弱了，"黑格尔本人，虽然在他的著作中相当频繁地爆发出革命的怒火，但是总的说来似乎更倾向于保守的方面"①。

世界是不是事物的集合体，而是过程的结合体。恩格斯指出，一切认识和行动的最终终点都应被取消，任何社会存在和社会意识的永恒性都应遭到反对。因为在唯物辩证法的视域中，只有变化才是不变的、只有死亡才是不死的。"这种辩证哲学推翻了一切关于最终的绝对真理和与之相应的绝对的人类状态的观念。在它面前，不存在任何最终的东西、绝对的东西、神圣的东西；它指出所有一切事物的暂时性；在它面前，除了生成和灭亡

---

① 《马克思恩格斯选集》第 4 卷，人民出版社 2012 年版，第 226 页。

的不断过程、无止境地由低级上升到高级的不断过程，什么都不存在。"①

对比可以看出，黑格尔辩证法只有到了精神哲学阶段真正显示出时间性（逻辑学中的纯粹概念运动是超越时空的，而自然哲学中的自然界发展则只是空间性的）。恩格斯则将"时间性"特别是"暂时性"提升为整体性原则，并将其贯穿于思维、自然和历史的全过程。这种基于时间性的否定性特别强调任何实存阶段的"暂时性"和"自反性"，其对认识论、历史观的意义都是革命性的。

从认识论的角度来看，"否定性"原则反对将事物当作孤立、现成、不变对象的形而上学方法，而是将观念当作对事物反映，把认识当作不断由较低阶段向较高阶段发展的过程。由此，真理不再被当作现成的、应当被死记硬背的教条，而是伴随自然科学、社会实践发展的产物，过去形而上学所不能克服的对立（真理和谬误、善和恶、同一和差别、必然和偶然）也在事物的现实中被克服了。唯心主义的发展如此，唯物主义的发展也是如此。

在 19 世纪中叶的唯物主义哲学发展的十字路口上，究竟是延续 18 世纪机械唯物主义的老路走向庸俗唯物主义，还是把唯物主义与辩证法结合起来走向现代的新唯物主义，其关键在于如

---

① 《马克思恩格斯选集》第 4 卷，人民出版社 2012 年版，第 223 页。

何对待当时自然科学、工业、商业、阶级力量的发展，如何准确把握历史发展的辩证过程。这也是马克思、恩格斯和费尔巴哈最终分道扬镳的原因。

从历史观角度来看，"否定性"原则反对实证主义的历史编纂学只顾堆积原子化的事实却对事实之间的联系和规律保持沉默的做法，而是在与唯物主义协调的基础探寻世界发展的规律。永恒的完美社会、完美的国家不过是一种幻象，一切历史状态都不过是人类社会由低级向高级发展的暂时状态。也就是说，任何一个社会阶段在其所处的历史阶段和历史条件下，都具有必然性和现实性。但这种必然性和现实性并不是永恒的，而是暂时的，当其内部发展出新的条件后，其自身的必然性就可能丧失。

把辩证否定的时间性（暂时性）原则最终提升为一种深刻的历史性（过程性），正如马克思在《资本论》第二版跋中所说："辩证法，在其合理形态上，引起资产阶级及其空论主义的代言人的恼怒和恐怖，因为辩证法在对现存事物的肯定的理解中同时包含对现存事物的否定的理解，即对现存事物的必然灭亡的理解；辩证法对每一种既成的形式都是从不断的运动中，因而也是从它的暂时性方面去理解；辩证法不崇拜任何东西，按其本质来说，它是批判的和革命的。"[1]

---

[1] 《马克思恩格斯选集》第 2 卷，人民出版社 2012 年版，第 94 页。

所以，通过恩格斯的改造，"否定性"被提升到辩证法乃至整个唯物主义哲学的原则高度。它不再只是事物运动、变化和发展的一个内在环节，而是事物运动、变化和发展的内在的推动力和创造力，更是推动历史发展的革命性力量。对这一"否定性"的唯物主义转化以及在此基础上产生的科学认识，有利于引导群众和无产阶级抛弃温和、保守、有教养的理论，转入以工厂、市场的实践活动之中，开展凭借现实又否定现实的斗争。正是在这个意义上，"德国的工人运动是德国古典哲学的继承者"①。

第三节　方法与体系之间的矛盾

在剥离辩证法的革命性内核的同时，恩格斯强调指出，黑格尔并没有对这种革命性做出清晰的论述，而是将辩证法及其革命性闷死在了封闭的哲学体系之中。那么，黑格尔为什么一定要建立哲学体系呢？这实际上是由德国哲学的思想传统决定的。这一传统把西方哲学上的"努斯"精神和"罗格斯"原则之统一推到极致，要求哲学的阐发和建构，都务求立足某种统摄万事万物的理智法则，构建一个结构恢弘、逻辑严密、论证精细的体系，把

---

① 《马克思恩格斯选集》第4卷，人民出版社2012年版，第265页。

自然界、社会历史、宗教艺术、价值观念等都包罗其中，从而使哲学成为最为严格意义的科学（Wissenschaft）。

德国古典哲学从康德起就开始致力于这种构建，但由于现象界与物自身、实然与应然、理论理性与实践理性之间矛盾二分，康德哲学的"三大批判"体系内部之间仍然存在着难以缝合的裂隙甚至鸿沟。作为德国古典哲学的集大成者，黑格尔展开了以绝对精神为中心的客观唯心主义体系建构。在黑格尔的那里，绝对精神既是总体的实体又是能动的主体，它不满足于静止充溢的状态，而必须自我运动、自我实现。而在辩证法的视域下，矛盾不是从外部加诸思维范畴，而毋宁是内在的思维范畴本身，并且这种矛盾不是造成思想幻象的东西，而毋宁是推动思想发展的动力。

由此，黑格尔构建了环环相扣、洋洋大观、富丽堂皇的哲学体系，它涵摄现实世界发展和人类认识发展的各个阶段，展示了不同思想领域的发展线索包含了逻辑学、自然哲学、精神哲学等三大部分。

逻辑学是绝对精神发展的第一阶段。在此阶段，自然界尚未出现，绝对精神按照超越时空的、与现实事物和世界无涉的纯思维和纯概念的运动方式，其运动、发展表现为一个纯粹抽象概念转化、过渡到另一个纯粹的抽象概念。经过存在论、本质论到了概念论的最后阶段，绝对精神从自在状态返回到自为状态，并由此过渡到生命、外化为自然，这就构成了绝对精神发展的第二阶段。在自然哲学阶段中，"绝对精神"体现为外化为自然界而发展，这种发展主要是空间性的而非时间性的，自然界只是绝对精神无意识的外壳。在自然界中，当人出现的时候，"绝对精神"就获得了自我认识，从而进入第三阶段即精神阶段。在此阶段，"绝对精神"体现为人类社会而发展，体现为人的意识和社会意识，体现为宗教、艺术和哲学的发展。最终，绝对精神经过否定之否定的历程、从自在状态进入到自为状态，在黑格尔哲学里获得完满状态。

与此同时，黑格尔又第一个在哲学史上对辩证法进行最充分最系统的阐述，建构了超越以单纯否定性和主观任性为中心的传统辩证法，建立了揭示概念、事物内在联系与必然性的理性辩证法。这种辩证法正是绝对精神不断运动的动力，也是整个体系保持自身生命力的力量。但是，在完美体系和革命方法之间，黑格尔选择了前者，甚至求救于强制性的结构。因而在其哲学体系中，黑格尔既把绝对精神设置为起点，同时又把绝对精神设置为终点。在经历圆圈套圆圈的辩证运动之后，在绝对精神内部理念与经验现象实现了和解，重新回归理性的平静。

黑格尔哲学体系的自我完成，也是其体系哲学的自我完成。由于体系内部的需要，在原本十分革命的方法下竟产生了"极其温和的政治结论"，以至于在英国发生"社会革命"，法国发生"政治革命"之时，德国革命则在思想中隐秘地进行，并诉诸哲学革命、宗教革命等保守形式。所以，在恩格斯看来，黑格尔在哲学领域中本是远远超出其先驱的"众神之王"（奥林匹斯山的宙斯），是辩证法的大师。但由于他的哲学无法在精神上摆脱德国资产阶级的软弱性和妥协性，把辩证法的革命火焰熄灭在封闭的体系之中。黑格尔和歌德一样，他们尽管分别在哲学和文学领域取得了令世人难以望其项背的成就，但在政治上都没有摆脱庸人的习气，拖着庸人的辫子。

黑格尔庞大的哲学体系存在的一个明显的吊诡在于，虽然他用对立统一的矛盾原则和否定之否定的革命原则来整合思维、自然和社会等各个领域，但并不能避免和不能解决这种整合本身的矛盾。这些矛盾表现在，他一方面认为绝对精神是能动的、发展的，但同时又认为自然界和社会的发展只是精神发展的外部表现；另一方面认为任何事物、制度、认识的发展都是在否定中不断前进的，但又把绝对精神设置为整个世界发展的终点。不仅如此，黑格尔还将绝对精神运动的普遍法则（逻辑）设置为事物发展的内在目的，但同时认为这种这些法则（逻辑）又毋宁是从外部输入到事物之中的。当然，这一系列矛盾最终都可以归结为体系与方法的矛盾，归根到底，是黑格尔始终无法界定那个作为动力的否定性其来源何在或者说何以可能。正是在这一点，马克思将其定位为人的实践。

尽管如此，恩格斯还是指出了黑格尔的伟大功绩，对其正面评价也远远超过费尔巴哈。这种正面评价在于，黑格尔以精湛的绝对理性建筑术囊括了以往哲学发展的全部成果，他的体系"包括了以前任何体系所不可比拟的广大领域，而且没有妨碍它在这一领域中阐发了现在还令人惊奇的丰富思想"①。黑格尔哲学虽然具有绝对唯心主义的特征，但这种唯心主义却是一种"聪明的唯心主义"，因为它却包含着深厚的现实感和历史感，"是一种就方法和内容来说唯心主义地倒置过来的唯物主义"②，其深刻性远远超过传统的一般的唯物主义（包括庸俗唯物主义和费尔巴哈的半截子唯物主义）。当然，最重要的地方在于，黑格尔哲学为人类思想贡献的最重要的礼物仍然是其辩证法。所以，恩格斯指出，哲学在黑格尔那里完成了，并且"他（虽然是不自觉地）给我们指出了一条走出这些体系的迷宫而达到真正地切实地认识世界的道路"③。

如何将辩证法从封闭的体系中拯救出来，发扬其革命性的本色，是黑格尔之后思想界的一项重要的任务。青年黑格尔派试图冲出黑格尔哲学的保守体系，发挥其革命的方面，然而他们最多只是将黑格尔哲学变成了一种以宗教哲学为中心的"精神内战"，

---

① 《马克思恩格斯选集》第 4 卷，人民出版社 2012 年版，第 225 页。
② 《马克思恩格斯选集》第 4 卷，人民出版社 2012 年版，第 233 页。
③ 《马克思恩格斯选集》第 4 卷，人民出版社 2012 年版，第 226 页。

即实体与自我意识对世界历史决定权的争夺。在这场"内战"中，鲍威尔的自我意识哲学占据上风，但它仍没有走出绝对精神的羁绊，最终以施蒂纳的"唯一者"告终。费尔巴哈"炸毁"了黑格尔的唯心主义体系之后，却把黑格尔的辩证法丢在一旁，因而也没有真正实现对黑格尔哲学的扬弃，不过是下半截唯物主义、上半截唯心主义的"半截子唯物主义"。

对待黑格尔这样对整个德意志民族精神产生巨大影响的哲学家而言，评判其哲学的态度不能是简单宣布其错误，也不能诉诸碎片化的、一鳞半爪式的改造，而是既要批判地消灭它的形式，更要救出通过这个形式获得的新内容。这个任务最终是由马克思、恩格斯完成的。在恩格斯看来，批判地继承黑格尔哲学的关键"在于使关于社会的科学，即所谓历史科学和哲学科学的总和，同唯物主义的基础协调起来，并在这个基础上加以改造"①。最终，马克思、恩格斯抛弃了黑格尔哲学的唯心主义形式，批判地吸取了黑格尔哲学中辩证法的"合理内核"，把辩证法放置在唯物主义的基础上，从德国唯心主义哲学中拯救了自觉的辩证法，在人类认识史上实现了一次空前的大革命。

---

① 《马克思恩格斯选集》第 4 卷，人民出版社 2012 年版，第 237 页。

第七章

哲学的基本问题和基本派别

要解决黑格尔哲学的"革命辩证法"与"茂密的体系"之间的矛盾，要认识青年黑格尔派内部的分裂和对抗，乃至要重新理解整个人类的思想史和哲学史，就必须在纷繁芜杂的哲学问题中找到一个总纲领。在恩格斯看来，这个总纲领，就是"全部哲学，特别是近代哲学的重大的基本问题，是思维和存在的关系问题"[①]。哲学基本问题的提出，为人们提供了区分不同世界观、方法论和不同哲学阵营的基本方法，不仅为理解马克思主义哲学发展史提供了提纲挈领的原则，而且也为全新历史科学和哲学确定

---

① 《马克思恩格斯选集》第 4 卷，人民出版社 2012 年版，第 229 页。

了思想前提，在人类认识史和发展史上具有划时代的重大意义。

第一节 思维与存在关系问题的考察

为了论证哲学基本问题这一科学原理，需要首先从发生学和认识史的角度对思维与存在关系问题进行了历史考察。可以大致分为五个阶段。

一是远古蒙昧阶段。这一阶段生产力水平极端低下，人类的认识处于无知状态。由于不能弄清楚肉体与灵魂的关系，人们将梦的理解发展为"灵魂不死"的观念；由于不能弄清楚人与自然的关系，人们在"灵魂不死"的观念上将自然力人格化，并进一步演变宿命论、图腾崇拜和泛神论。这些都是思维与存在关系的原始体现。

二是古代哲学阶段。在哲学产生后，人的主观观念与外部客观世界的关系问题、世界的本原问题，始终是哲学家探讨的基本问题。古希腊米利都的泰勒斯之所以被称为西方第一个哲学家，就在于他通过对自然界各种现象的抽象，得出了世界的本质是水的结论，成为了古代朴素唯物主义的代表（与之类似，赫拉克利特和德谟克利特分别将火和原子当作"始基"）。相反，一些思想家则将抽象的、非物质的东西当作世界的本原。例如，毕达哥拉斯认为绝对世界本原的是数，苏格拉底认为万能的神创造了世界，而柏拉图则将理念当作世界本原和最真实的存在，感性世界不过是对理念的模仿并且低于理念的存在。

三是中世纪基督教哲学阶段。在基督教神学里，上帝是全知全善全能的存在，是包括人在内的世界万物的创造者，人只能全心全意信仰上帝、侍奉上帝才能获得最高的、最完善的真理，才能在末世到来时从"人间之城"进入"上帝之城"。在这种氛围下，理性成为信仰的论证工具，哲学成为神学的婢女。但即使如此，经院哲学内部的唯名论与唯实论之争，实质上也是思维与存在关系问题的体现。唯名论主张个别事物才是真实的独立的存在并先于概念的存在，而一般事物不过是个别事物的符号，体现了存在先于思维的唯物主义的倾向。而唯实论则认为，一般是先于个别事物的存在，只有一般的概念才是存在的实体，上帝及宗教教义都是真实的，则展示出唯心主义立场。唯名论与唯实论之争的实质是唯物主义和唯心主义之争，因而这场争论促进了经院哲学的瓦解，从而为近代自然科学的发展以及近代唯物主义的产生奠定了基础。

四是近代哲学阶段。随着资本主义生产力的发展，资产阶级力量逐渐壮大，近代自然科学也快速发展起来，这些成果最终体现为近代唯物主义哲学和宗教神学的尖锐对抗，而哲学革命逐渐成为政治革命的先导，反过来推动社会现实的变革。精神与自然究竟谁是世界的本原？世界究竟是从来就有的还是神创造的，人竟能不能认识和把握外部世界？这些重大问题在古代哲学和中世纪哲学的讨论只是初步的局部的，而在近代哲学这里却获得了全部意义。16—17 世纪，近代哲学的论争集中体现为经验论和唯理论之间的斗争。前者以培根、霍布斯和洛克为代表，后者以笛卡尔的天赋观念论为代表。18 世纪，这一论争日益白热化，在英国经验论内部发展出了贝克莱、休谟的主观唯心主义。在启蒙运动日益兴盛的法国则产生了以狄德罗、拉美特利和霍尔巴赫为代表的战斗唯物主义和无神论。

五是德国古典哲学阶段。19 世纪的德国古典哲学则是人的精神的能动方面片面发展。康德哲学让"人为自然立法"的同时，又制造了现象界与物自身的对立（也就是思维认识与存在本体的对立），形成了不可知论。黑格尔将绝对精神作为其客观唯心主义的内容，以辩证法作为其哲学体系的方法论原则，虽然缝合了思维与存在的裂缝，但却使整个哲学头足倒置，这才有了后来费尔巴哈的"颠倒"。马克思主义哲学就是站在哲学基本问题这一起点上，实现了对德国古典哲学乃至整个旧哲学形态的"终结"和超越。

实际上，要解决黑格尔哲学的"革命辩证法"与"茂密的体系"之间的矛盾、就必须在纷繁芜杂的哲学问题中找到一个总问题、总纲领。而这个总问题和总纲领，既是区分不同世界观和不同哲学阵营的基本方法，更是建立全新历史科学的前提。这一问题就是哲学基本问题，即思维与存在的关系问题。这一区分，抓住了德国古典哲学"终结"（抑或是被扬弃而转型）的奥秘。以黑格尔主义为代表的德国古典哲学之所以应当被"终结"，就在于其唯心主义神秘外壳已经不能对时代和现实进行准确把握。黑格尔所讲的纯粹概念，实际上是对世界上的事物（及其关系）进行抽象后在思维中得到的具有一般性和普遍性的规定性，但他本人却将它变成超越感觉、超越时空的东西，并认为它是自然界、人类社会的创造者和创造法则。

恩格斯认为，自然界和历史的运动在黑格尔那里变成了概念运动的翻版，但实际上应当颠倒过来，把概念"唯物地把我们头脑中的概念看做现实事物的反映"①，把头脑中人们力图把握的规律看作是在自然界以不自觉地、以外部必然性的形式和偶然性中实现出来的东西。这样，"概念的辩证法本身就变成只是现实世界的辩证运动的自觉的反映，从而黑格尔的辩证法就被倒转过来了，或者宁可说，不是用头立地而是重新用脚立地了"②。

在考察思维与存在关系的认识的基础上，恩格斯将哲学基本问题进一步划分两个方面：一是思维与存在谁是本原的问题，由此形成唯物主义和唯心主义的差异；二是思维与存在之间是否具

---

① 《马克思恩格斯选集》第4卷，人民出版社2012年版，第249页。
② 《马克思恩格斯选集》第4卷，人民出版社2012年版，第250页。

有同一性的问题，由此形成了可知论和不可知论的差异。如果说思维与存在谁是第一性的问题的是本体论问题，那么人的思维能否认识和把握存在就是认识论问题，他们和马克思、恩格斯通过批判改造黑格尔所得到的辩证法的合理形态一起，构成了马克思主义哲学的三大组成部分。

第二节　唯物主义与唯心主义的对立

思维与存在，究竟谁是第一性、谁是第二性的问题，是哲学的最高问题，因为它要求哲学家在探讨世界、思考社会人生时首先回答思维与存在究竟谁是世界本原、谁决定谁的问题。对这一问题的回答，直接决定哲学的运思方向，影响着哲学立场和哲学阵营的划分。恩格斯指出："凡是断定精神对自然界说来是本原的，从而归根到底承认某种创世说的人……组成唯心主义阵营。凡是认为自然界是本原的，则属于唯物主义的各种学派。"[1]

根据马克思主义的观点，可以对哲学史上的唯物主义和唯心主义，进一步做出划分。历史上的唯物主义，可以分为古代的朴素唯物主义、近代的机械唯物主义、现代的庸俗唯物主义等派

---

① 《马克思恩格斯选集》第 4 卷，人民出版社 2012 年版，第 231 页。

别。这些派别在世界本原问题上具有相同的答案，即都认为世界的本质是物质的，主张先有物质、后有精神，物质是不依赖于意识和精神的客观实在；都认为存在是第一性的，思维是第二性的，存在决定思维，思维可以反映存在（"我在故我思"）。

唯心主义阵营包括形形色色的派别，可以分为主观唯心主义和客观唯心主义两大派别。主观唯心主义认为世界的本原和基础是主体（主要是人）的精神力量或意识结构，如贝克莱将事物看作是感觉的复合，康德认为知性范畴可以为自然（现象界）立法。客观唯心主义认为世界的本原和基础是在主体之外的、不依赖人而存在的、具有超越性的理念和精神。例如，柏拉图将"理念"作为世界的本原和依据，黑格尔将自然界、社会历史等领域看作"绝对精神"自我异化、自我复归的产物。主观唯心主义与客观唯心主义在对"精神"的认识上存在分歧，但它们在世界本原问题上却有着相同的答案，即都认为世界的本原是精神的，精神是可以独立于物质；都认为思维是第一性的，存在是第二性，思维决定存在，存在是思维的结果（"我思故我在"）。

根据思维与存在、精神与自然的关系原则，可以把历史上名目繁多的哲学派别划分为唯物主义阵营或唯心主义阵营，这也是后来列宁所提出的哲学的党性原则。当然，哲学史是复杂多元的，在马克思、恩格斯创立马克思主义哲学之前，一个哲学家对唯物主义或唯心主义的坚持并非是完全的、彻底的，因而唯物主义与唯心主义的区分也并非泾渭分明。例如，有人在自然观上是唯物主义，而在历史观上则可能是唯心主义；有人在世界本原和依据问题上是唯心主义，然后在社会历史问题上则可能体现出现实的、唯物主义成分。同时，唯物主义和唯心主义两个阵营之争，并非在任何时间任何场合都是公开的，相反他们可能以隐蔽的方式进行。有些哲学家试图以二元论或"平行论"调和唯物主义和唯心主义的斗争、掩盖其真正的哲学立场。对于这些情况，需要立足哲学的基本问题，具体分析其哲学观点，对其哲学立场进行总体把握。

恩格斯强调，精神与自然界、思维与存在谁是第一性、谁是本原是判断一种哲学思想或哲学流派是属于唯心主义和唯物主义的标准，如果违背这一标准，把唯物主义、唯心主义作为标签随心所欲地使用，就会造成混乱。很显然，卡·尼·施达克《路德维希·费尔巴哈》一书就混淆了唯物主义和唯心主义的区别，他把对理想目的的追求、对推动"理想意图"的"理想力量"的承认以及对人类不断进步的信念等都当作唯心主义的体现，从而将费尔巴哈的哲学当成了唯心主义哲学。在恩格斯看来，施达克在找费尔巴哈身上找唯心主义时找错了地方，并对这些错误进行了逐条批驳。施达克之所以犯错，就在于他未能立足哲学基本问题、对哲学的基本派别做出正确的区分，仅仅依靠自己对唯物主义的庸俗化理解、武断地做出推理和判断。

　　那么，如何看待不同哲学派别各自不同的历史发展形态呢？恩格斯认为，应当从人类实践状况特别是自然科学的发展角度研究不同哲学形态的演进，判断其思想的合理性和局限性——唯物主义如此，唯心主义也是如此。当然，由于哲学是一门研究整个世界本质和普遍规律的学说，它吸收自然科学等领域的一切文明成果是必然的，但并不意味着哲学的发展总是亦步亦趋地反映自然科学的成果，相反，这种反映可能是滞后的，也可能是超前的，更可能是歪曲的。从历史角度来看，唯物主义由于强调世界的物质性，因而能够较快较充分地反映科学技术发展的成果，而唯心主义则往往以滞后或歪曲的方式进行反映。

　　近代唯物主义是在同中世纪基督教神学作斗争中成长的，同时反映了自然科学和工业为摆脱宗教神学的束缚以获得自身发展的需要。而自然科学和工业的发展，不仅是对唯心主义虚伪、荒诞无稽的有力地揭露和批判，而且也对唯物主义的科学性进行了有力的论证，是推动唯物主义哲学发展的强大动力。当然，自然科学发展有一个从不完善到完善、不成熟到成熟的发展过程，唯物主义的发展也体现出阶段性和局限性。

　　以 18 世纪的机械唯物主义为例，它的发展都受到了当时自然科学的影响。

　　其一，它以力学为尺度衡量化学和有机过程，对动植物、人乃至国家进行了机械化的理解。由于当时的自然科学中发展成熟的只有力学，而生物学和化学还处于刚刚起步的阶段，所以那时唯物主义的典型特征，就是从纯粹机械的角度揭示动植物的机体。法国唯物主义者拉美特利甚至把人视为一种有感觉的、有精神的机器，认为身体状况决定着心理和意识的状况，而人体不过是一架受自然规律支配的自动机。他指出："心灵的一切作用既然是这样地依赖脑子和整个身体的组织，那么很显然，这些作用不是别的，就是这个组织本身：这是一架聪明的机器！因为即使唯有人才分享自然的法则，难道人因此便不是一架机器么？比最完善的动物再多几个齿轮，再多几条弹簧，脑子和心脏的距离成比例地更接近一些……"[1]霍布斯甚至将机械唯物主义的观点运用到对国家的分析上，在他看来，如果说人的生命只是肢体的机械运动（心脏是发条，神经是游丝，关节是发条），那么作为"人造的人"的国家（或利维坦）也是一样：主权是其"灵魂"，官员是其"关节"，赏罚机制是其"神经"，财富是其"实力"，人民安全是其"事业"，知识顾问是其"记忆"，公平、法律是其"理智"和"意志"，和睦是其健康，动乱是其"疾病"，内战是其"死亡"[2]。

其二，以形而上学的、反辩证法的方法看待世界，未将物质

---

① [法]拉·梅特里：《人是机器》，顾寿观译，商务印书馆1959年版，第52页。

② 参见[英]霍布斯：《利维坦》，黎思复、黎廷弼译，商务印书馆1985年版，第1页。

和自然界视为发展的过程。虽然人们当时已经知道自然界处于永恒的运动中，但由于太阳系起源理论尚未被完全接受，这种运动只是被当作不会前进的圆圈运动；由于地质学尚无人知晓，人们对生物界从简单到复杂的发展也尚未充分认识。这种认识扩展到哲学上，就造成了对自然界的非历史理解。

从近代唯心主义的发展来看，许多唯心主义哲学家，为了反对封建迷信和经院哲学对理性的束缚，为了发展资本主义和争取资产阶级的利益，他们在自己的哲学中也不能不在一定程度上反映自然科学和工业生产的新经验、新成果。在他们关于唯心主义的论述中，也愈来愈加进唯物主义的内容，并企图用泛神论的观点调和精神和物质、思维与存在、宗教和科学的对立。在恩格斯看来，拥有丰富科学知识的黑格尔，就是把自然科学及其相关成果纳入到唯心主义体系中的典型代表。黑格尔的《精神现象学》，就包含了对力学、电磁学、化学、生物学、地质学等理论的运用，对法国大革命、英国工业革命以及亚当·斯密的经济学的吸收。但是，这些成果在黑格尔那里只是以"歪曲"的方式呈现出来的，自然科学和工业实践的成果不过是绝对精神在不同发展阶段的体现。自然界不过是绝对精神外化的结果，其自身是不能在时间上发展只能在空间扩展自身多样性的存在形式，经济的发展不过是绝对精神发展到"伦理阶段"在市民社会中的体现。

第三节　不可知论和可知论的斗争

哲学基本问题涉及的另一个问题是，人的思维能不能认识现实世界？人能不能在关于现实世界的表象和概念中正确地反映现实？凡是认为思维能够把握存在、思维与存在具有同一性，就是可知论，反之就构成了不可知论。在恩格斯看来，哲学史上的绝大多数哲学家（指所有唯物主义者和彻底的唯心主义者）都主张可知论，但也有一些哲学家（部分唯心主义者）则主张不可知论，否认或否认彻底认识世界的可能性。可知论者可以分为唯物主义的可知论和唯心主义的可知论。

唯心主义的不可知论，以休谟和康德为代表。休谟是英国经验论哲学的杰出代表，他建构了以怀疑论和不可知论为中心的哲学体系。在休谟看来，人的认识中的材料都是从来源于外部知觉或内部的知觉，人心和意志只是将它们进行混合和排列而已，而知觉的"自我"不过是"以不能想象的速度互相接续着、并处于永远流动和运动之中的知觉的集合体，或一束知觉"①。换言之，观念、印象、思想等，都不过是人们心中的知觉，人们只能认识这些属于自己的知觉，而对知觉以外的实体则却是无法认识和把

---

① 北京大学哲学系外国哲学史教研室编译：《十六—十八世纪西欧各国哲学》，商务印书馆 1975 年版，第 596 页。

握的。

在这种主观唯心主义和怀疑论观点下，休谟进一步否定了因果联系的普遍性和必然性。他认为，所谓因果联系，不过是人们在内心形成的一种事物伴随着另一种事物的习惯性联想罢了。就好比"天上下雨"和"地上变湿"，人们把前面的现象当作因，把后面的现象当作果，这是不恰当的，因为它不过是两种现象相继出现、多次重复的一种排列罢了，人们在内心中产生二者相互联结的习惯性认识属于个别事物的联结，并不具有一般性和普遍性。休谟指出，人们并不能看透连结这些事物背后的理性因素，人们只能观察到这些事物的本身，并且发现这些事物总是透过一种经常的联结而被我们在想象中归类。所以，对于因果关系，我们既无证明的证据，也无经验的证据，因而是不可知的。

休谟的哲学曾帮助康德打断了独断论的迷梦，使之重启对人类理性的批判性审视。康德批判哲学试图调和经验论和唯理论之间的冲突，但仍然没有逃出不可知论的窠臼。在康德那里，近代哲学认识论中的"主观与客观相符合"被转变成知性为自然立法，从而在认识论上实现了"哥白尼式"的革命。但是，康德把世界分成"现象界"和"物自身"两个部分，认为人只能认识"现象界"，而无法认识"物自身"，即无法认识事物本质。在康德看来，人的认识能力分为理论理性和实践理性。理论理性由感性和知性构成，以知识获取为目标。知识就是具有普遍性和必然性的先天综合判断，是感性和知性的共同作用的结果。

一方面，感性以直观形式（时间和空间）对来自于自然界的感性杂多进行加工；另一方面，知性通过先天范畴（量、质、关系、模态）对感性材料综合，获取知识的过程就是感性提供材料（内容）、知性进行综合（形式）的统一。但是，知性发生作用的范围仅仅限于现象领域（经验领域），如果试图越出这一领域，就会陷入矛盾并导致二律背反。康德认为，"物自身"领域不属于理论理性而属于实践理性，因为世界的全貌、事物的本质不是一个"我可以认识什么"的问题，而是一个"我可以做什么的问题"。

黑格尔对康德的不可知论进行了批判，成为唯心主义可知论的代表。在黑格尔看来，康德在求知之前对认识能力进行考察虽然深刻，但却可能造成"没有学会游泳以前勿先下水游泳"的错误认识：实际上，考察思维形式这种活动本身就是一种认识。也就是说，不应将把主观性和客观性对立起来去考察知性概念，而应该把思维形式当作对象自身的活动纳入到认识的整个发展过程之中，思维中的问题就可以在思维过程中得到解决。黑格尔指出，"这乃是思维形式考察思维形式自身，故必须由其自身去规定其自身的限度，并揭示其自身的缺陷。这种思想活动便叫做思想的'矛盾发展'（Dialektik）……矛盾发展并不是从外面加给思维范畴的，而毋宁是即内在于思维范畴本身内"①。

在此基础上，黑格尔通过"绝对精神"的辩证运动完全打通了康德对现象界与物自身之间不可逾越的鸿沟，形成了绝对唯心主义的可知论。当然，黑格尔实际上是把现实世界看作现象和外在形式，把绝对精神当作最深刻的、本质性的东西。如果说人在现实中认识的不是现实世界自身而是它的思想内容，那么绝对精神之产生，就是为了认识自身、实现自身，它就是"思想内容的内容"。在黑格尔的庞大哲学体系中，绝对精神由"逻辑阶段"到"自然阶段"再到"精神阶段"，就是思维转化为存在，再由存在转化为思维的过程。恩格斯指出，黑格尔对思想能够认识存在这一问题的回答是确定无疑的，因为"这个绝对观念是从来就存在的，是不依赖于世界并且先于世界而在某处存在的；但是思维能够认识那一开始就已经是思想内容的内容，这是十分明显的"②。

黑格尔对康德的唯心主义不可知论进行了同样是唯心主义的批判，但这种批判虽然是充分的却并不令人信服。那么对所有这类哲学上的奇谈怪论最令人信服的驳斥是什么呢？恩格斯认为，是实践，即实验和工业。随着科学实验和生产实践的发展，人们可以制造出某一事物的自然过程，使其按照条件把它生产出来，

----

① ［德］黑格尔：《小逻辑》，贺麟译，商务印书馆1980年版，第118页。

② 《马克思恩格斯选集》第4卷，人民出版社2012年版，第231页。

并服务于人的目的，所谓的"自在之物"就会随着它变成"为我之物"而完结。例如，人们从煤焦油中提取茜素而不再从茜草的根中提取，勒维烈和加勒通过实验测算最终证实了哥白尼有关"太阳系"的假说，都是实践发展消灭"自在之物"的典型例子。

因此，根据马克思主义认识论，意识是人的大脑的特殊机能，能够反映客观事物、把握客观世界的真理。决定认识的尺度和界限的不是理性的反思和设定，而是源自实践发展的状况和水平。实践是不断发展、不断提升的，人的认识也能随之发展和提升，并反过来作用于实践、服务于人的生活。所以，实践是认识的来源和目的，世界上没有不可认识的事物，只有有待认识或有待深入认识的事物，人的认识发展就是一个越来越宽、越来越深的过程。

从19世纪中叶以后，随着马克思主义辩证唯物主义认识论的创立和传播，德国古典哲学的科学内容获得了传承和发扬，不可知论在理论上已经被驳倒了。但是，到了19世纪70、80年代，德国和英国一些资产阶级学者和迷途的自然科学家，力图复活和重新揭示康德的不可知论观点。奥托·李普曼的《康德及其模仿者》分四个大段分别对唯心主义（费希特、谢林、黑格尔）、现实主义（赫尔巴特）、经验主义（弗里茨）以及先验哲学（叔本华）予以批判，并在每一章都以"回到康德去！"为结论，这使当时德国哲学界研究康德哲学的热情再度高涨，开启了新康德主义运动。

在"回到康德去！"的反时代潮流之口号下，新康德主义的拥趸者力图复活康德的先验唯心主义、不可知论和折衷主义，否认社会历史发展的规律性，以此来反对唯物主义特别是马克思主义的辩证唯物主义和历史唯物主义。一些自然科学学者，如哲学家、社会学家斯宾塞和生物学家、达尔文进化论的支持者赫胥黎，都力图复活休谟的观点。一些学者在自然科学领域内进行研究，实际上应当是自发的唯物主义者，但他们却坚持认为人的认识能力不能超出感觉经验或现象的范围，不能认识事物的本质及发展规律，因而在口头上却拒绝唯物主义，宣称自己是不可知论者。对此，恩格斯指出："这种企图在科学上就是开倒车，而在实践上只是一种暗中接受唯物主义而当众又加以拒绝的羞羞答答的做法。"①

---

① 《马克思恩格斯选集》第 4 卷，人民出版社 2012 年版，第 233 页。

第八章

费尔巴哈唯物主义的批判性考察

费尔巴哈是青年黑格尔派的领军人物，它的哲学是通过批判和革新黑格尔哲学建立起来的。在黑格尔尚且在世的 1830 年，费尔巴哈就匿名发表了《关于死亡和不朽的思想》一书，在学派内部引发争论，同时遭到宗教势力的强烈谴责，最终致使其执教资格被解除。从 1839 年至 1843 年，费尔巴哈先后发表了《黑格尔哲学批判》（1839）、《基督教的本质》（1841）、《关于哲学改造的临时纲要》（1842）以及《未来哲学原理》（1843）等著作。通过这些著作，费尔巴哈与黑格尔哲学正式决裂，并建构了自己特有的唯物主义和人本学理论。

客观地说，费尔巴哈对唯心主义的批判和对唯物主义的建构远远超出了与他同时代的其他青年黑格尔派代表人物，马克思和恩格斯也一度成为"费尔巴哈派"。但同时，由于时代限制和个人知识结构的局限，费尔巴哈哲学并没有真正扬弃黑格尔哲学，也并没有在宗教观、历史观、道德观等方面走向唯物主义。所以，在恩格斯看来，费尔巴哈哲学是一种"半截子唯物主义"。

第一节　费尔巴哈哲学的合理性与局限性

费尔巴哈站在唯物主义的立场上，对黑格尔哲学唯心主义的头足倒置问题进行了深入批判。和一般唯物主义者一样，费尔巴哈反对唯心主义本末倒置地认识思维与存在的关系，反对将抽象的、非物质性的精神或观念当作独立的实体，当作世界的本原，而把经验的现实世界仅仅视为精神或观念的表现。他试图将被唯物主义颠倒的思维与存在的关系重新颠倒过来，"思维与存在的真正关系只是这样的：存在是主体，思维是宾词。思维是从存在而来的，然而存在并不来自思维。"[①] 自然就是独立的、通过自身说明自身的永恒实体，就是排除上帝含义的第一性存在，人及其思维意识都源自自然，黑格尔将绝对精神看作第一性、将物质性

---

① 《费尔巴哈著作选集》上卷，荣震华、李金山译，商务印书馆1984年版，第115页。

自然看成绝对精神的外化实际上是将哲学神学化了。思维的对象只能是思想，感觉才能通往对象本身，而自然界就是可以被感觉到的真正的感性实体。

在费尔巴哈看来，作为感性实体，自然不仅是客观存在的，而且也有其因果性、必然性和规律性，只不过这些法则不是上帝创造的，而是属于自然自身运动发展的力量。费尔巴哈通过主词与宾词的颠倒重新树立了存在对于思维、自然对于精神的第一性地位，炸开了黑格尔封闭保守的唯心主义哲学体系，确立了唯物主义的权威。费尔巴哈的唯物主对青年马克思和恩格斯都产生了巨大的影响。恩格斯在1842年的《谢林与启示》中褒扬了费尔巴哈，认为只有他认识到了"理性只有作为精神才能存在，精神则只能在自然界内部并且和自然界一起存在，而不是比如脱离整个自然界，天知道在什么地方与世隔绝地生存着"①。但是，费尔巴哈炸开黑格尔哲学体系后却将其"丢在一旁"，黑格尔哲学包含的巨大现实感和社会历史内容的辩证性则被他抛弃了。

在唯物主义地厘定思维与存在、精神对自然的关系的基础上，费尔巴哈把感性自然中的感性的人作为哲学开端，确立了其人本学。在黑格尔那里，哲学以逻辑学的"存在论"为开篇，绝

---

① 《马克思恩格斯全集》第2卷，人民出版社2005年版，第355页。

对精神在最初就是抽象的、无规定性的纯存在（纯存在也就是纯无）。费尔巴哈认为，"绝对精神"实际上是主观心理和需求外在化、独立化、绝对化的结果，其实质不过是有限的精神，既如此，黑格尔一位哲学家显然不可能通过所谓的"绝对精神"真正获得"绝对真理"，相反，只有全体人才能认识自然、把握真理。所以，哲学的开端应当是现实世界中生活的感性实体，"感性的、个别的存在的实在性，对我们来说，是一个用我们的鲜血来打图章担保的真理"①。

这里的感性的、个别存在就是感性的人，而人的存在不归于神、理性、精神以及抽象的本质，而只归功于感性的自然界。费尔巴哈认为，从时间上看，自然界是第一性的实体，但在价值地位上，人却是第一性的。这是因为，尽管自然是客观存在的独立实体，但自然在哲学上也是人所意识的对象；尽管人的感性生命源自自然，但人也是社会和历史的产物。为明确人在自然界中地位，费尔巴哈专门区分了人与动物的区别，批判了宗教神学。在费尔巴哈看来，人与动物的区别在于意识，但这意识不是一般的意识，而是对类的自我意识，只有将自己的类、自己的本质性当作对象的那种生物，才具有最严格意义上的意识。

正因为人拥有对自己类的意识，所以他能把别的事物按其本

---

① 《费尔巴哈著作选集》上卷，荣震华、李金山译，商务印书馆 1984 年版，第68 页。

质和特性来对待，从而拥有"双重生活"：既能过与对象世界打交道的外在生活，又能过与自身的类和本质发生关系的内在生活（即"类生活"）。正是由于后者，人能够将自身的类和本质当作对象，形成囊括一切的、无限的意识，从而产生宗教。在他看来，构成人的类本性的就是作为认识之光的理性，作为品性之能量的意志力和作为心之力的爱，它们是人作为人的绝对本质和生存目的。宗教把人的这些类本质从人那里剥离出来并独立成神的本质，并成为支配人、奴役人的力量，但神的本质不过是人的类本质的异化，神学的本质不过是颠倒的人学，越是崇拜神则人就越是失落，越是信仰彼岸世界就越是否定此岸生活（值得一提的是，费尔巴哈的类本质理论和人本主义异化理论曾经对青年马克思特别是其《1844年经济学哲学手稿》产生过重要影响）。

为此，费尔巴哈提出了解决问题的方案，那就是人把被剥夺的类本质和类生活重新恢复过来，把神的宗教变成"爱"宗教。费尔巴哈指出，"如果人的本质就是人所认为的至高本质，那么，在实践上，最高的和首要的基则，也必须是人对人的爱"①。爱是"知性与自然的普遍法则"。不论性别、阶级、信仰、民族有何差异，只要人能够在爱中直观自身的存在和类本性，

---

① 《费尔巴哈著作选集》上卷，荣震华、李金山译，商务印书馆1984年版，第743页。

只要人能够将感性生活变成一种基于爱的活动，人们就会收获和平、友谊和美德。这种爱，与其说是源自基督，而毋宁说是源自人自身，谁能够为了人而爱人，谁使自己提高到"类"之爱，提高到与类之本质相适应的爱，那谁就是基督徒、就是基督自身。

那么，如何获得重新获得人的类本质、建立"爱"的宗教呢？费尔巴哈诉诸了人的感性直观能力。在他看来，由人的大脑产生的认识活动具有二重性，即生理活动和心理活动的统一。就生理活动而言，人可以成为别人的对象而不能成为自己的对象，但就心理活动而言，它不是将别人而是将自身作为对象，即将思维本身作为思维的对象。但是，人的灵魂与肉体、精神活动与生理活动，都是建立在感性基础上的统一。这种感性不仅仅是一种活生生的现实性，更是自然发展到人类阶段的产物，是人不假他法、认识自身、他人以及人的类存在和类本质的能力，即直观能力，并且"只有感性、直观的观点是真理"①。

在《基督教的本质》第 1 版序言中，费尔巴哈把苏格拉底的"认识你自己"作为该书的"真正警句和主题"，表明其将人的"类"存在和"类"本质作为研究对象。在研究这一主题时，他以"水"作喻，认为水是人类的天然镜子，它可以消灭一切超自然主义的

① 《费尔巴哈著作选集》上卷，荣震华、李金山译，商务印书馆 1984 年版，第 205 页。

幻象，使人的肖像得到最真实、最赤裸的显示，这种"镜中静观"是对其直观唯物主义思维的形象比喻。

总而言之，费尔巴哈的哲学体现出两重性特点：他把黑格尔头足倒置的唯心主义哲学重新颠倒为唯物主义，却没有真正扬弃和超越黑格尔哲学，甚至就像倒掉洗澡水的同时倒掉小孩一样把黑格尔的辩证法抛弃了。他把自然确定为世界的本原，强调自然界的客观物质性和规律性，但却将自然看作是非对象性、不可变的、非历史的僵死之物。他提升了感性的人在世界中的地位，并肯定了人的类存在、类本质和类生活，但这种类不过是"一种内在的、无声的、把许多个人自然地联系起来的普遍性"①。他批判性地指出宗教不过是人的类本质异化的产物，神学的本质不过是人本学，但"他反对宗教不是为了消灭宗教而是为了革新宗教，为了创造出一种新的、高尚的宗教"②，即可以随时随地"创造奇迹的神"的"爱"的宗教。他用现实的感性褫夺了绝对理性的地位，把人作为追求真理和自我解放的根本，重塑了人本主义立场，但却不是将人当作感性—对象性的、实践的主体，反而诉诸于非历史的直观能力。很显然，这种不彻底的、半截子的唯物主义最终只能走向历史观上的唯心主义。

---

① 《马克思恩格斯选集》第 1 卷，人民出版社 2012 年版，第 135 页。
② 《列宁选集》第 2 卷，人民出版社 2012 年版，第 247 页。

第二节　费尔巴哈唯心主义历史观的实质

费尔巴哈的唯物主义之所以是半截子的、不彻底的唯物主义，其原因就在于这种哲学在形式上是实在论的，而在内容上却是空洞的；在世界观上是自然本体的，而在方法论上则是反辩证法、形而上学的，它脱离了人与自然、人与他人、人与社会的对象性关系，脱离了现时代的经济生活、科学发展和阶级斗争。在恩格斯看来，当费尔巴哈把自然和人从精神中解放出来时，自然、人的感性以及人的类本质都成了新的抽象的神话。其最终结果就是，他在讨论唯物主义时，历史在其视域之外，而在讨论历史时，他却遗忘了唯物主义，成为了彻底的唯心主义者。

费尔巴哈的宗教观和宗教史观是唯心主义的。如前所述，费尔巴哈认为宗教是人的类本质的异化，神学的本质就是人本学，因而他要建立基于"爱"的新宗教，但这种所谓"爱"的宗教建立在对人与人的关系的抽象理解之上：一方面，人与人的关系脱离社会实践和社会历史内容，而径直是源于"宗教（religare）"一词，这个词的本意是联系，费尔巴哈则将两个人之间的任何联系都当作宗教；另一方面，人与人的性爱关系脱离具体的历史条件，变成了新宗教借以完善的最高形式，变成人们追求最高真理的途径。

恩格斯指出，这种枉顾社会历史所做的词源学解析不过是唯心主义的把戏，"费尔巴哈想以一种本质上是唯物主义的自然观为基础建立真正的宗教，这就等于把现代化学当做真正的炼金术"①。与此同时，恩格斯还从三大宗教的产生和发展的角度批判了费尔巴哈的宗教史观，指出宗教的产生，是与国家的政治经济精神状态相适应的，宗教与历史的关系不应当从人的心灵来解释，而应该从历史本身来解释，或者说，应当在历史进程中理解宗教，而不是在宗教中理解历史过程。

费尔巴哈的伦理观是抽象的、肤浅的、非历史的。恩格斯把费尔巴哈的伦理学同黑格尔的伦理学进行了比较，认为后者的伦理学存在"惊人的贫乏"。黑格尔的伦理学就是"绝对精神"在社会历史领域的展现，从广义上讲就是作为"逻辑学的补充"的法哲学，包括抽象法、道德、伦理（家庭、市民社会和国家）三个组成部分。在黑格尔那里，法哲学就是关于客观精神的哲学，它将群体意识、民族精神、时代精神都纳入其中，不仅仅涉及法、权利，而且也涉及道德、法律和伦理，甚至还涉及作为"历史哲学"之准备的"世界历史"。从具体问题来看，法哲学还讨论了理性与现实、哲学与时代、权利与义务、个人与家庭、国家与市民社会关系的讨论，涉及德国政治意识形态和法律意识形态

---

① 《马克思恩格斯选集》第4卷，人民出版社2012年版，第241页。

的方方面面。相反，费尔巴哈着眼于抽象的人本学来讨论伦理，但他所说的人不过是脱离对象性实践活动的抽象存在，人与人的社会关系不过是抽象的神秘的情感关系。

其一，他在宗教哲学中还谈到两性之间的爱（友谊、爱情及婚姻），谈到男人和女人的差别，但在伦理学中，他不仅忽视了两性之爱的历史属性，而且还将男女差别也给抹杀了。

其二，他对政治在伦理生活中的作用流于粗疏和空洞。诚然，费尔巴哈的哲学中也涉及这样的命题，"皇宫中的人所想的，和茅屋中的人所想的是不同的。""如果你因为饥饿、贫困而身体内没有养料，那么你的头脑中、你的感觉中以及你的心中便没有供道德用的养料了""政治应当成为我们的宗教"，这些命题接近社会存在决定社会意识、政治上层建筑对社会生活具有强大的影响这样的认识，但这种认识在费尔巴哈那里只是零星的、不自觉的猜测，并没有提到原则性的高度。

费尔巴哈的伦理思想的肤浅性，还体现在他对"善""恶"问题的理解上。恩格斯认为，在道德问题上，"善"与"恶"是一对既对立又统一的矛盾，简单地认定人"一半是天使、一半是魔鬼"，把人类发展诉诸于善良意志的激发，就只能走向一种诉诸主观性的形而上学。黑格尔在讨论道德发展的第三阶段（即"良心与善"）时，就坚持了"善""恶"辩证统一的观点。在他看来，自由和意志是不可分的，意志必然意味着自由意志。有了自由意志，人们才能自由为善，或是自由为恶。善恶源自自由意志并统一于自由意志，"唯有人是善的，只因为他也可能是恶的，善与恶是不可分割的"①，反之亦然。

费尔巴哈则把"善"与"恶"这对范畴对立起来，认为"善"是绝对的"善"，"恶"是绝对的"恶"，不了解善恶观念的辩证发展及其它们在一定条件下相互转化的可能性，犯了形而上学的错误。在面对社会现实问题时，费尔巴哈从人性本善的抽象设定出发，把抽象的爱当作是解决一切社会灾难的法宝，又忽视了社会实践和阶级斗争对于"善""恶"转化的意义，犯了唯心主义的错误。在恩格斯看来，黑格尔的道德哲学在形式的唯心主义背后却包含着大量实在论的内容，就是因为他从辩证否定性角度，分析了"恶"在历史发展中的作用，得出了比费尔巴哈深刻得多的东西。

恶作为历史发展的动力的表现形式，包含两个方面的内容，"一方面，每一种新的进步都必然表现为对某一神圣事物的亵渎，表现为对陈旧的、日渐衰亡的、但为习惯所崇奉的秩序的叛逆；另一方面，自从阶级对立产生以来，正是人的恶劣的情欲——贪欲和权势欲成了历史发展的杠杆"②。例如，资产阶级制度取代腐朽落后的封建制度，往往伴随着革命的暴力。资本原始

---

① ［德］黑格尔：《法哲学原理》，范杨、张企泰译，商务印书馆 1961 年版，第144 页。

② 《马克思恩格斯选集》第 4 卷，人民出版社 2012 年版，第 244 页。

积累阶段，总是用刀与剑、血与火开辟道路的，总是伴随着对农民和殖民地的掠夺，但却推动了资本主义的发展。在资本主义生产关系下，资本为获取剩余价值总是伴随着对雇佣劳动的残酷剥削，但客观上却促进了资本主义的发展，加剧了资本主义私有制和社会化大生产的矛盾。

由此可见，相对于费尔巴哈的抽象的"爱"，黑格尔关于"恶"的论述经过合理颠倒和改造可以转换成内容丰富得多、思想深刻得多的历史唯物主义论述："恶"不是作为绝对精神自我实现的中介环节，而是与资本主义物质生产和资产阶级社会交往过程中的自我否定性。

费尔巴哈脱离历史性和阶级性讨论道德原则，其实质不过是服务于资产阶级的需要。费尔巴哈认为，对"幸福生活"的欲望是道德的基础，只要每个人怀揣并能够不断满足自己对幸福的欲望，尊重别人追求幸福的权利，处理好自己行为的自然后果与社会后果，对自己节制，对他人以爱，即可实现幸福。这种想法显然是贫乏和虚妄的——因为一个人想让自己获得欲望的满足是困难的，想让这种满足对自己和别人都有利则是难以实现的。一方面，人们的欲望本身不是一成不变的，而是被生产条件和文化观念历史地制约着的；另一方面，人们获得幸福生活是需要以某种手段为支撑的，而每个人的手段却是不同的。在资本主义剥削制度下，广大劳动人民连基本生活需要尚且不能满足，不可能奢谈合理的自我节制，并且资产阶级和工人阶级获取"幸福"的手段显然也是一样的。

据此，在充满阶级对立的社会谈论平等权利只能是形式上的而不可能具有实质性意义。如果将费尔巴哈的道德原则纳入到资本主义社会的经济生活之中，就会发现，这套法则根本没有起到解决社会矛盾的实质性作用，而毋宁是适应资产阶级需要、为资产阶级服务的。因为按照这样的道德准则，在市场和证券交易所中的每个人都是以追求幸福之名与他人进行交易或赌博，每个人追求幸福的权利都是平等的，赢者就获得好处，不赢者则受到惩罚，这是很自然的事情。在这种情况下，费尔巴哈的"爱"就走向了反面，变成了损人利己。所以，恩格斯指出，"费尔巴哈的道德是完全适合于现代资本主义社会的，不管他自己多么不愿意或想不到是这样"①。

第三节　费尔巴哈对唯物主义的庸俗化

费尔巴哈是在同黑格尔唯心主义体系完全决裂过程中走向唯物主义的。恩格斯认为，费尔巴哈所认识到的黑格尔"绝对观

---

① 《马克思恩格斯选集》第 4 卷，人民出版社 2012 年版，第 246 页。

念""逻辑范畴"的先在性，不过是对造物主信仰的残余。感性的物质世界才是唯一现实的，意识和思维不过是人脑的产物，精神也是物质的最高产物，这些都是纯粹的唯物主义观点。但由于费尔巴哈不能摆脱通常的哲学偏见，即不反对事情本身而反对唯物主义这个名称的偏见，他并没有把唯物主义这条道路彻底坚持下去。

费尔巴哈明明自己是唯物主义者，为什么却不能彻底坚持唯物主义道路呢？这与费尔巴哈唯物主义的理论来源密切相关。费尔巴哈的唯物主义虽然继承和发展了 18 世纪的法国唯物主义，但他本人却并不认为德国唯物主义是从法国哲学家的《自然的体系》或拉美特利的"麦蕈馅饼"中引申出来，而是强调"德国唯物主义具有宗教的根源；它起源于宗教改革；它是上帝爱人的结果"①。由此，费尔巴哈的唯物主义体现出一种两面性：在处理思维与存在、精神与自然的关系问题上，他毫不犹豫地坚持唯物主义，承认自然是在人之外客观存在的独立实体；但是在涉及人与自然的关系问题上，他却坚持必须从人的主体立场认识自然，自然才有意义。根据后者，费尔巴哈试图与以往的机械唯物主义划清界限，为此他甚至反对把他的哲学界定成为唯物主义。为了捍卫人的主体地位，给"爱"的宗教奠定能动的基础，费尔巴哈甚

① 《费尔巴哈著作选集》上卷，荣震华、李金山译，商务印书馆 1984 年版，第469—470 页。

至不惜滑向唯心主义："我同意唯心主义必须从主体、从自我出发的观点。"①

费尔巴哈所极力划清界限的机械唯物主义在 19 世纪中叶获得了发展，其结果就是彼时流行于德国的庸俗唯物主义派别。它以瑞士的哲学家、博物学家福格特（1817—1895），德国的哲学家、医生毕希纳（1824—1899）和荷兰哲学家、生理学家摩莱肖特（1822—1893）为主要代表人物。他们和 18 世纪的机械唯物主义一样，也坚持物质是第一性的客观实在，主张无神论。但是，他们根据自己专业领域的相关研究成果，把机械唯物主义关于"人是机器"的观点发展到了极致，以至于用纯生理学的观点揭示思维意识和精神现象，把复杂的思维过程简单地归结为人的生理过程或大脑的生理过程，认为意识不过是大脑的汁液，大脑产生思想如同肝脏分泌胆汁和肾脏分泌尿液一样。这种唯物主义之所以是庸俗的，就在于它不懂得物质与意识既对立又统一的辩证关系，完全忽视了意识的相对独立性和能动性，忽视了人与动植物的区别，忽视了人与环境相互作用并由此对意识发展产生的影响。这种做法的实质，就是把意识物质化，抹杀思想和物质的区别，取消唯物主义和唯心主义的对立，取消哲学基本问题。

对此，马克思曾作出了深刻的批判："这种唯物主义在理论

---

① 《费尔巴哈著作选集》上卷，荣震华、李金山译，商务印书馆 1984 年版，第 523 页。

上同 18 世纪的唯物主义几乎完全没有差别，它胜于后者的地方主要只是拥有较丰富的自然科学的材料，特别是化学和生理学的材料。我们从毕希纳和福格特身上看到这种康德以前的狭隘庸俗思维方式的极为浅薄的翻版，甚至信奉费尔巴哈的摩莱肖特也极其可笑地每时每刻都在最简单的范畴上纠缠不清。"① 很显然，这种利用自然科学等领域的知识将机械唯物主义继续推进，从而完全消弭人的主体性地位的做法，也是费尔巴哈不能容忍的。所以，他表示只愿接受作为"人的本质和人类知识大厦"的唯物主义，而不愿意向摩莱肖特等人从生物学和狭义自然科学所得出的唯物主义前进一步。

唯物主义就一般形态来看，强调存在对于思维、自然对于精神的第一性，但并不否定思维对于存在、精神对于自然的相对独立性和反作用。然而，费尔巴哈不明白唯物主义的思想发展史，看不到唯物主义哲学的发展是一个伴随自然科学和社会实践发展的自我扬弃和自我超越的过程，他只看到了 18 世纪机械唯物主义不成熟的缺点（即忽视了思维意识的能动性和人的主体性），而急于与"唯物主义"划清界限，他不懂得庸俗唯物主义将意识完全归结为物质的观点实质上背叛了唯物主义而因此急于放弃"唯物主义"的称号。对于这种在唯物主义发展问题上因噎废食、

---

① 《马克思恩格斯选集》第 2 卷，人民出版社 2012 年版，第 11 页。

见风使舵的理论妥协，恩格斯的批判可谓一针见血："费尔巴哈在这里把唯物主义这种建立在对物质和精神关系的特定理解上的一般世界观同这一世界观在特定的历史阶段即 18 世纪所表现的特殊形式混为一谈了。不仅如此，他还把唯物主义同它的一种肤浅的、庸俗化了的形式混为一谈。"①

费尔巴哈在唯物主义立场上妥协和退却的结果，就是向唯心主义挺进和投降，就是把唯物主义推入"敌手"，推向了庸俗化的方向。这在施达克那里已经显而易见地体现出来了。在《路德维希·费尔巴哈》一书中，他把主体的能动性、超越性的内容都当作唯心主义的体现，从而把费尔巴哈哲学称之为唯心主义哲学，这在表面上、在某种程度上似乎遂了费尔巴哈的心愿，实际上则是施达克混淆了唯物主义和唯心主义区别的体现。施达克不惜阉割掉唯物主义原本应有的能动方面，交由唯心主义片面发展，其目的就是把唯物主义进一步庸俗化、污名化：一方面，对唯物主义的污名化，把唯物主义理解为贪吃、酗酒、娱乐、肉欲、爱财、吝啬、贪婪、牟利、投机等一切龌龊行为；另一方面，对唯心主义进行了极其不恰当的赞誉，把唯心主义理解为对美德、普遍的人类的爱、对"美好世界"的信仰。

从黑格尔唯心主义体系中挣脱出来，费尔巴哈创立了影响深

---

① 《马克思恩格斯选集》第 4 卷，人民出版社 2012 年版，第 234 页。

远的唯物主义，但在 19 世纪 50 年代，虚假的唯物主义（庸俗唯物主义）甚嚣尘上、真正的唯物主义声誉江河日下的情况下，他本人被称为了唯心主义者，这样的结果是十分讽刺的。很显然，这一时期的唯物主义走向庸俗化甚至发展为庸俗唯物主义当道，是与费尔巴哈在哲学基本问题上的摇摆、对唯物主义坚持的不彻底以及对唯心主义的妥协分不开的。由费尔巴哈或直接或间接导致的唯物主义的庸俗化，表明了 19 世纪中后期德国哲学和意识形态领域的思想混乱程度，在此背景下，恩格斯提出哲学基本问题对于澄清马克思主义哲学的基本立场显然十分必要。

第九章

马克思主义哲学体系的系统阐释

恩格斯在 1890 年写给恩斯特·布洛赫的信中指出，他的《反杜林论》和《费尔巴哈论》"对历史唯物主义作了就我所知是目前最为详尽的阐述"①。《费尔巴哈论》仅有 3 万多字的篇幅，但其阐述的思想内容确是丰富和深刻的。这部著作有力地抵制了 19 世纪后半叶形形色色资产阶级哲学思潮的负面影响，清晰梳理了马克思主义哲学的来源、形成和发展过程，对马克思主义哲学的基本概念、基本命题和基本理论进行了正本清源式的阐述。在此基础上，它确立了辩证唯物主义的自然观、历史观和认识

---

① 《马克思恩格斯选集》第 4 卷，人民出版社 2012 年版，第 606 页。

论，系统阐释了马克思主义哲学体系，建立了马克思主义哲学的基本理解范式，为无产阶级及其政党认识和改造世界提供了重要的思想武器。

第一节　马克思主义哲学的来源和基础

19 世纪的人类社会已经进入资本的时代，资本在创造巨大生产力和前所未有的物质财富的同时，也造成了诸多深刻的社会矛盾和社会问题。恩格斯在写《费尔巴哈论》时，正值国际工人运动长足发展、马克思主义在"在世界的一切文明语言中都找到了拥护者"① 的广泛传播时期。与此同时，资产阶级哲学家和工人运动中的机会主义者却极力歪曲马克思主义和德国古典哲学的关系，把马克思主义哲学看作黑格尔唯心辩证法和费尔巴哈唯物主义的简单凑合，并企图用所谓的折衷主义的"新哲学"阉割马克思主义的革命性和科学性，代替其深刻完整的世界观。在英国和斯堪的纳维亚各国出现了新黑格尔主义，在德国则出现了新康德主义。前者对黑格尔哲学进行了主观唯心主义的解释，歪曲了辩证法的思想，后者则试图复活康德的先验唯心主义和不可知

---

① 《马克思恩格斯选集》第 4 卷，人民出版社 2012 年版，第 218 页。

论。这些思潮通过社会民主党的右翼代表渗透到工人运动之中，企图将无产阶级运动引向改良主义，在一定程度造成了工人阶级的理论和实践的混乱。而"狂热的唯心主义者"① 施达克毫无保留地继承了德国庸人对唯物主义的理解，把唯物主义庸俗化为追求物质欲望和感官享受的哲学，却把唯心主义当作追求道德理想和社会进步的哲学，这不仅混淆了唯物主义与唯心主义的区别，而且对马克思主义哲学的理解和传播造成了极大的负面影响。马克思、恩格斯唯物主义世界观的创立直接受到了费尔巴哈哲学的影响，而现在施达克却把费尔巴哈哲学称之为"唯心主义"，岂非咄咄怪事？所以，要有效指导国际工人运动和革命实践，就必须廓清笼罩在马克思主义上空的理论迷雾。1883 年 3 月 14 日马克思逝世后，这一重任自然就落到了"第二提琴手"恩格斯的肩上。

众所周知，马克思主义哲学在很大程度上是扬弃德国古典哲学的思想结晶。在 1845 年的《德意志意识形态》中，马克思、恩格斯以"论战"的形式对黑格尔以后的哲学进行了批判，但其直接批判对象主要是黑格尔的门徒而非黑格尔本人，并且这部著作也并未公开出版。所以，《费尔巴哈论》的核心目的，就是真正完成马克思、恩格斯全面公开阐明其哲学与德国古典哲学关系的夙愿。具言之，就是借批判新康德主义、新黑格尔主义以及斯

---

① Starcke, *The Primitive Family in Its Origin and Development*, Chicago: University of Chicago Press, 1976, p.xiv.

达克哲学的契机，使黑格尔哲学重新回到议题的中心，并从哲学史和思想史发展的角度系统评价青年黑格尔派特别是费尔巴哈的成就与不足，从而阐明马克思主义哲学的基本立场、基本观点和基本原理。所以，清理马克思、恩格斯与黑格尔、费尔巴哈等人的思想关系，不是简单的学术史研究补白的问题，而是对马克思主义哲学"从哪里来"的重新确证，是对马克思主义哲学发展和传播的正本清源。

在《费尔巴哈论》中第一部分，恩格斯扼要阐述了黑格尔哲学所包含的唯心主义体系与辩证法的矛盾，勾勒并评价了青年黑格尔派的发展历程。在他看来，为了建立结构谨严、形式完美的体系哲学，黑格尔不惜把辩证法禁锢起来，从而在原本十分革命的方法下产生了极其温和的政治结论。青年黑格尔派着眼于时代和政治的变化，试图冲出黑格尔的唯心主义体系，发挥哲学的批判功能，却没有真正摆脱黑格尔保守主义的"庸人"辫子，因而也未能克服黑格尔哲学的内在矛盾，即绝对理念与经验实存的矛盾。因此，尽管青年黑格尔派在宗教批判议题上的态度基本是统一的，但在政治批判的过程中却走向了分裂：鲍威尔的"自我意识"哲学抱持彻底批判的立场，施蒂纳的"唯一者"哲学则坚持无政府主义主张，等等。即使把宗教批判引向现实政治批判的始作俑者费尔巴哈，也没有完成克服黑格尔哲学体系内在矛盾的任务，因为他的半截子唯物主义最终把"神的宗教"变成了"人的宗教""爱的宗教"。所以，在《费尔巴哈论》的第三部分，恩格斯集中对费尔巴哈的宗教观、伦理观进行了批判，却同时反向揭示了黑格尔在相关问题上的深刻性。

从《费尔巴哈论》的叙述结构和运思逻辑来看，黑格尔哲学被放在了十分重要的位置，其辩证法对唯物主义的自然观、历史观和认识论的重大意义也突显出来，这一安排显然是与黑格尔在马克思主义哲学形成史上的地位相称的。可以说，马克思主义哲学的发展和成熟始终伴随着对黑格尔哲学的批判和超越，不真正理解黑格尔就难以真正理解马克思和恩格斯。就马克思而言，《黑格尔法哲学批判》中的市民社会与国家关系问题，《1844年经济学哲学手稿》关于对象化与异化问题的讨论，《神圣家族》对思辨唯心主义的批判，《德意志意识形态》对唯心主义历史观的批判，以及《资本论》对黑格尔逻辑学的运用，等等，都体现了马克思与黑格尔的深刻关联。就恩格斯而言，他早年通过分析和评价青年德意志派的文学作品对黑格尔哲学进行了初步探索，通过批判谢林哲学，他对黑格尔哲学的理解进一步深化；而晚年他的《反杜林论》《自然辩证法》所受到的黑格尔影响更加深刻。所以，在《费尔巴哈论》中，恩格斯虽然肯定费尔巴哈的唯物主义哲学的重大贡献，承认他和马克思曾一度变成"费尔巴哈派"，但他更加重视黑格尔哲学深厚的历史感和现实感，重视其辩证法闪烁的思想智慧和革命光辉。如果说，通过费尔巴哈这一思想中介，马克思、恩格斯走向了唯物主义，并成为"黑格尔学派的解体过程中"产生的一个"唯一的真正结出果实的派别"①；那么，扬弃黑格尔"聪明的唯心主义"，马克思和恩格斯才把辩证法从黑格尔哲学的唯心主义体系中解放出来，并以合理的形式进行呈现、运用和发展，使之成为了唯物史观存续和发展的最重要内核。

值得注意的是，充分吸收现代自然科学的成果是马克思主义哲学创立的又一重要基础。哲学与科学的关系一直是哲学史上的重要线索。在古希腊，科学隶属于哲学，形成了自然哲学。在中世纪，科学又与宗教和神学融为一体。到了文艺复兴后，随着观察和实验的方法导致"自然的发现"，科学才逐渐从哲学中分化出来，成为独立的学科领域。在德国古典哲学那里，康德和黑格尔试图将自然科学的成果作为其哲学研究的前提和基础，抑或是当作哲学体系建构的重要素材，但在康德和黑格尔的后继者那里，哲学则进一步被唯心主义化并远离实证科学了——费尔巴哈等人就是典型代表。恩格斯旗帜鲜明地反对将实证科学和哲学隔绝开来、把哲学当作"凌驾于一切专门科学之上并把它们包罗在内的科学的科学"②的做法，指出哲学家应当积极研究并汲取自然科学的成果，甚至哲学本身就应当成为一门科学。应当指出，

---

① 《马克思恩格斯选集》第 4 卷，人民出版社 2012 年版，第 248 页。
② 《马克思恩格斯选集》第 4 卷，人民出版社 2012 年版，第 248 页。

恩格斯的这一思想是他与马克思所推动的哲学革命的一贯思想。例如，在《德意志意识形态中》，他们曾经指出，"在思辨终止的地方，在现实生活面前，正是描述人们实践活动和实际发展过程的真正的实证科学开始的地方"①。恩格斯在《费尔巴哈论》中指出，18世纪哲学领域盛行形而上学的研究方法把事物当作现成的东西来研究，而不是当作不断变化、不断发展的事物来研究，这是与当时自然科学尚处于收集材料的阶段、研究者往往把事物当作现成对象来研究的状态相适应的。当自然科学发展到整理材料阶段，唯物辩证法也就应运而生了。马克思主义哲学作为辩证唯物主义，之所以超越18世纪机械唯物主义，其关键就在于"三大发现"为建构新的哲学世界观提奠定了自然科学基础。细胞学说论证了整个生物界在结构上的统一性，表明一切高等有生命有机体都是按照共同的规律发育和生长的，细胞变异是生物体实现由低级向高级发展的动力；能量守恒与转化定律说明了物质不灭的道理，表明一切运动都可以归结为一种形式向另一种形式的不断转化；生物进化论说明物种是可变的、生物是不断进化的，生命的发展经历了由简单到复杂、由低级到高级的过程。三大自然科学成果的发现推动了哲学世界观和方法论的革命性变革，孤立地、静止地、片面地看世界的形而上学方法破产了，取而代之的

---

① 《马克思恩格斯选集》第1卷，人民出版社2012年版，第153页。

是联系地、发展地、全面地看待事物和世界的唯物辩证法。正如恩格斯所说："由于这三大发现和自然科学的其他巨大进步，我们现在不仅能够说明自然界中各个领域内的过程之间的联系，而且总的说来也能说明各个领域之间的联系了，这样，我们就能够依靠经验自然科学本身所提供的事实，以近乎系统的形式描绘出一幅自然界联系的清晰图画。"①

总之，《费尔巴哈论》把读者目光拉到对德国人来说已经陌生的 1848 年欧洲革命，深刻地指出 19 世纪后期资产阶级哲学仍然处于 1848 年革命的延长线上，属于资产阶级民主革命的理论回响。更为重要的是，恩格斯通过对德国古典哲学的回溯和系统整理，阐述了马克思主义的思想来源和理论基础，批判了德国思想界貌似革命实则保守、貌似唯物主义实则唯心主义的哲学，为确立彻底的唯物主义和革命的辩证法、建立马克思主义哲学体系奠定了基础。

第二节　马克思主义哲学体系的主要内容

在对马克思、恩格斯与德国古典哲学的关系进行系统清理的

---

① 《马克思恩格斯选集》第 4 卷，人民出版社 2012 年版，第 252 页．

基础上，《费尔巴哈论》对哲学的基本问题、辩证唯物主义、唯物主义辩证法、唯物主义历史观等内容进行了深刻阐发，建立了马克思主义哲学的基本体系。

首先，发展了黑格尔关于思维与存在关系问题的讨论，重新分析了哲学的基本问题。在哲学史上，许多思想家都曾以不同的方式对思维与存在的关系问题进行了探讨，但对恩格斯影响最大的当属黑格尔。黑格尔将思维与存在的对立（及其克服）当作近代哲学的基本起点和根本目标，指出"[思维与存在的对立]是哲学的起点，这个起点构成哲学的全部意义。对立的一面是存在，对立另一面的是思维"①。在近代哲学那里，思维与存在的对立的产生及其克服，都离不开思维自身：一方面，反思性思维的出现是近代主体性哲学兴起的显著标志，这一认识形式要求思维在为自身规定内在性的同时设定外在性，正是这种设定本身造成了思维自身与外部世界的抽象对立。另一方面，反思性思维通过对对象世界的本质的认识和把握来克服思维与存在的对立。但在黑格尔看来，思维与存在之对立的真正克服是不能通过个人的主观意识来实现的，而毋宁是通过客观精神（绝对精神）的自我异化和自我扬弃以克服普遍性与特殊性之间的矛盾来实现的——这就构成了逻辑学和精神现象学的内容。可见，黑格尔虽然提出

---

① ［德］黑格尔：《哲学史讲演录》第 3 卷，贺麟译，商务印书馆 1996 年版，第 292 页。

了思维与存在的关系问题，却使这一问题最终走向了绝对唯心主义。对恩格斯而言，对思维与存在问题进行重新辨析，不仅是对马克思主义与德国古典哲学关系的提纲挈领式的清理，而且也有利于马克思主义认识路线和思想路线的正本清源。在《费尔巴哈论》中，恩格斯将思维与存在的关系问题上凝练为哲学的基本问题，并据此划分唯物主义与唯心主义两大派别。恩格斯旗帜鲜明地指出，全部哲学特别是近代哲学的基本问题是思维和存在的关系问题，根据对这一问题的回答，可以将哲学派别分为唯心主义和唯物主义。凡是认为精神对自然界而言是本原的，属于唯心主义；凡是认为自然界是本原的，属于唯物主义。这里的"本原"，既是生成之源，又是动力之源，更是根本原则。也就是说，自然界是"自因的"，而不是以某种神秘的精神力量为依据的。奠立自然基础上的社会历史的运动、变化和发展的逻辑不是从外部输入的，而是蕴藏在其自身内部，这就为理解自然界和人类社会确立了唯物主义原则——存在决定思维，自然决定精神，社会存在决定社会意识。在哲学基本问题的基础上，恩格斯还反驳了形形色色的"不可知论"，指出人的认识是一个没有终点的、不断发展的过程，所谓的"物自体"总是伴随着科学技术的发展和人类认知水平的提高而"消失"。恩格斯根据哲学基本问题的探讨，划分了唯物主义与唯心主义的科学界限，确立了唯物主义本体论和唯物主义认识论，有效地防止了在唯物主义与唯心主义斗争问题上的"调和""中立"的态度，捍卫了马克思主义的彻底唯物主义立场。

其次，超越了费尔巴哈的直观的、抽象的唯物主义，创立了辩证唯物主义。费尔巴哈在《基督教的本质》等著作中对黑格尔哲学进行了唯物主义"颠倒"：黑格尔把存在概念作为哲学的开端，费尔巴哈则主张以"现实的东西"为依据；黑格尔把抽象的理性作为主体，费尔巴哈则将人作为主体；费尔巴哈式的主词与宾词的"颠倒"打破了抽象理性的统治地位，确立了感性存在和感性世界的优先性，为宗教批判和人本主义哲学奠定了基础。这对马克思、恩格斯产生了很大影响，以至于他们一度成为"费尔巴哈派"。但是，费尔巴哈"颠倒"后的直观唯物主义得到的所谓感性的存在（人和自然界）走向了另外一种抽象，即"类本质"的抽象，人的社会关系本质和社会历史活动则被抛诸脑后。早在《德意志意识形态》中，马克思、恩格斯对费尔巴哈哲学进行了批判，指出"当费尔巴哈是一个唯物主义者的时候，历史在他的视野之外；当他去探讨历史的时候，他不是一个唯物主义者。在他那里，唯物主义和历史是彼此完全脱离的"[①]。在《费尔巴哈论》中，恩格斯对费尔巴哈的哲学进行了更加全面系统的评价，清晰地表明马克思主义对费尔巴哈哲学的态度：一方面，恩格斯充分

---

① 《马克思恩格斯选集》第 1 卷，人民出版社 2012 年版，第 158 页。

肯定了费尔巴哈对唯物主义权威的恢复，并对其唯物主义进行了高度概括，"他势所必然地终于认识到，黑格尔的'绝对观念'之先于世界的存在，在世界之前就有的'逻辑范畴的预先存在'，不外是对世界之外的造物主的信仰的虚幻残余；我们自己所属的物质的、可以感知的世界，是唯一现实的；而我们的意识和思维，不论它看起来是多么超感觉的，总是物质的、肉体的器官即人脑的产物。物质不是精神的产物，而精神本身只是物质的最高产物。这自然是纯粹的唯物主义"①。另一方面，恩格斯对费尔巴哈的批判又是全面而深刻的：费尔巴哈在"炸开"黑格尔绝对唯心主义体系后，将包含巨大现实感和社会历史内容的辩证法被弃置一旁；费尔巴哈的唯物主义只是停留在自然观领域，而在社会历史领域（宗教观、道德观、历史观）则陷入了以抽象的"类"和"爱"来解决社会矛盾的唯心主义；费尔巴哈对唯物主义原则贯彻的不彻底性，导致了唯物主义庸俗化；费尔巴哈对自然科学研究成果的充耳不闻，对工人运动实践的无动于衷，导致了其唯物主义理论的抽象性和封闭性，等等。因此，在恩格斯看来，辩证唯物主义之所以能够创立，固然汲取了费尔巴哈的唯物主义思想内容，更重要的是保留了黑格尔有关自然界、社会历史和人的思维的辩证法之合理内容，并且积极吸收了自然科学和社会主义

①　《马克思恩格斯选集》第4卷，人民出版社2012年版，第233—234页。

运动的最新成果。

再次，马克思和恩格斯扬弃并改造了黑格尔的辩证法，创立了合理的革命形态的辩证法，即唯物主义辩证法。马克思、恩格斯从德国古典哲学中汲取的最有益的成果，当属黑格尔的辩证法。可以说，唯物主义世界观越是成熟、越是获得更加广泛运用，马克思、恩格斯对黑格尔辩证法就越是重视。在撰写《资本论》及其手稿的过程中，马克思明确提到黑格尔的逻辑学和辩证法对他加工材料和思想表达的帮助，并表示愿意抽出时间用两三个印张的篇幅把"黑格尔所发现、但同时又加以神秘化的方法中所存在的合理的东西阐述一番"①。恩格斯在 1859 年给马克思的《〈政治经济学批判〉第一分册》写的书评中指出，"使辩证方法摆脱它的唯心主义的外壳并把辩证方法在使它成为唯一正确的思想发展形式的简单形态上建立起来"，是一个"意义不亚于唯物主义基本观点的成果"②。在《费尔巴哈论》中，恩格斯把辩证法这一合理内核从黑格尔的唯心主义体系中解放出来，并以合理的形式进行呈现、运用和发展，使之成为了唯物主义历史观的根本方法论原则：（1）将黑格尔的"现实"概念进行了唯物主义改写，把认识领域和历史领域视为"除了生成和灭亡的不断过程、无止

---

① 《马克思恩格斯文集》第 10 卷，人民出版社 2009 年版，第 143 页。
② 《马克思恩格斯选集》第 2 卷，人民出版社 2012 年版，第 13 页。

境地由低级上升到高级的不断过程"①，从而为理解人类的思维世界和历史世界奠定了基础。（2）对黑格尔哲学进行唯物主义"颠倒"，并使辩证法建立在唯物主义的基础之上。根据哲学基本问题和基本派别的学说，把"思维优先"颠倒为"存在优先"，打破了唯心主义体系（外壳）对辩证法的束缚。与此同时，把"思辨逻辑优先"颠倒为"物质优先""自然优先"和"社会历史优先"，肯定了意识对物质、精神对自然、社会意识对社会存在的反作用，为建立辩证唯物主义的自然观和历史观奠定了基础。（3）对形而上学的、实证主义的方法进行批判，把自然界、人类社会以及人的思维意识当成现实的、自我否定的、不断发展的过程，把黑格尔辩证法中仅作为中介环节的"否定性"提升到唯物辩证法的原则高度，充分发掘了其现实性的革命力量。（4）把唯物主义辩证法拓展到自然界和社会之中，实现了自然史和人类史在人类实践基础上的统一，促进了自然辩证法和社会历史辩证法在总体原则上的整合。总之，恩格斯将辩证法的根基奠立在唯物主义世界观的基础上，并把黑格尔的辩证法改造为适用于自然界、人类社会以及人类思维的一般规律的科学。

最后，阐述了唯物主义历史观的基本原理。在《费尔巴哈论》中，恩格斯把唯物论、辩证法结合起来运用到社会历领域，全面

---

① 《马克思恩格斯选集》第4卷，人民出版社2012年版，第223页。

地考察、分析了人类社会历史最一般的客观规律，阐发了历史唯物主义的一系列基本原理：（1）揭示了社会发展的客观规律性。在恩格斯看来，人及其实践活动是自然史和社会史形成的中心，前者关涉人与自然的关系，后者关涉的是人与人的关系，二者相互联系、相互制约、密不可分，共同统一于以人为主体的社会历史实践活动之中。自然界和人类社会的发展都有其客观规律，这种规律不是源自自然哲学的主观臆想，而是源自对事物自身运动逻辑原则的揭示。当然，社会发展史不同于自然发展史，社会发展规律也不同于自然规律。在自然界，不管人们的主观意愿如何、参与与否，客观规律总是自发地起作用的，任何事物的结论都不是作为预期的、自觉的目的出现的。而在社会历史领域，一切活动都是人们有意识参与的结果，个人按照自己的预期、目的开展实践活动，而许多这些预期及其对外部世界作用的合力则构成了历史。但是，每个人的愿望、目的并不相同甚至是相互冲突的，每个人的愿望、目的也并不一定都能够达到。由此看来，历史事件似乎是由偶然性支配的，但表面上是偶然性起作用的地方，其内部却始终受到隐蔽规律的支配，这就是社会历史规律的"似自然性"。（2）揭示了社会历史发展的动力。恩格斯认为，探究历史发展的客观规律，必须研究人们历史活动的思想动机又必须超出思想动机，找到社会历史发展的真正动力。人们进行历史活动的动机包括三种：一是使广大群众、整个民族以及整个阶级行动起来的动机，二是引起持久的、伟大历史变迁的动机，三是以各种形式反映在领袖（伟大人物）头脑中的动机。在不同思想动机背后隐藏的正是不同群体的斗争，资产阶级和无产阶级两大群体之间的斗争构成现代社会的巨大杠杠。那么，引起阶级斗争的原因是什么呢？恩格斯认为，阶级的产生和发展的根源在于经济利益，而利益之争则源自生产方式的矛盾斗争。可见，将思想斗争归结为政治斗争，将政治斗争归结为阶级斗争，将阶级斗争归结为经济利益之争，将经济利益之争归结为生产力和生产关系的矛盾斗争，构成了唯物主义历史观理解社会历史的致思路径。列宁后来进一步指出，马克思、恩格斯的研究方法"只有把社会关系归结于生产关系，把生产关系归结于生产力的水平，才能有可靠的根据把社会形态的发展看做自然历史过程。不言而喻，没有这种观点，也就不会有社会科学"①。最后，阐述了经济基础与上层建筑的关系。在考察生产力和生产关系的矛盾运动后，恩格斯又对经济基础和上层建筑的辩证关系进行了考察。在他看来，国家、法律、政治制度以及宗教观念都属于上层建筑，是第二性的东西，而市民社会、经济关系属于经济基础，则是第一性的东西，经济基础决定上层建筑，而上层建筑具有相对独立性并反作用于经济基础。

---

① 《列宁全集》第 1 卷，人民出版社 2013 年版，第 112 页。

第三节　马克思主义哲学创立的伟大变革意义

19世纪上半叶，人类已经进入物质生产快速发展、社会生活深刻变化、社会矛盾日益尖锐的资本主义社会，唯心主义或旧唯物主义世界观已经不能帮助人类正确认识世界和改造世界，全新世界观的出现成为人们特别是受压迫民众的共同渴望。在此背景下，马克思、恩格斯从无产阶级的根本利益出发，立足对资本主义时代的科学技术、生产方式、社会制度、阶级关系以及意识形态等方面状况的考察，在充分汲取德国古典哲学等思想资源、总结工人运动经验的基础上，创立了马克思主义哲学。《费尔巴哈论》对马克思主义哲学的来源和基础的分析，对马克思主义哲学重要命题和基本理论的系统阐发，为无产阶级及其政党认识社会、改造世界提供了思想武器和行动指南。

《费尔巴哈论》关于马克思主义哲学与德国古典哲学的关系的阐述，澄清了马克思主义哲学形成史上的重大理论问题。在马克思主义哲学创立的过程中，马克思、恩格斯深受德国古典哲学的影响，曾一度成为费尔巴哈派。《费尔巴哈论》表明，青年马克思和青年恩格斯只是短暂地成为"费尔巴哈派"，但他们更持久地是黑格尔主义者（尽管是总是以批判的面貌出现）。如果说费尔巴哈是把马克思、恩格斯引向"唯物主义"的中介，那么黑格尔则是他们真正走向历史和真理深处的领路者。正是通过对黑格尔辩证法的唯物主义改造并使之以合理的形式呈现出来，唯物主义历史观成为了一门真正的历史科学。恩格斯对马克思主义哲学与黑格尔、费尔巴哈关系的这种阐明，既是对德国古典哲学的"完成"，即充分吸收了其中的有益成果，又是对德国古典哲学的"终结"，即从中脱离出来并开辟全新的领域。这一工作有力地回击了资产阶级唯心主义哲学家对马克思主义的歪曲和攻击，捍卫了马克思主义哲学的纯洁性，有利于进一步推动无产阶级革命运动的发展。正是在这一意义上，"德国的工人运动是德国古典哲学的继承者"①。

《费尔巴哈论》对历史唯物主义基本原理的阐述，确立了理解社会现实生活的科学原则。根据生产力与生产关系、经济基础与上层建筑的基本原理，国家、法、宗教、哲学等问题都可以获得全新的、科学的解释。就国家与经济基础的关系而言，国家不过是市民社会中占支配地位阶级经济利益的集中体现，国家的存在和发展都要在社会经济生活的条件中才能获得解释。就法律与经济生活的关系而言，法是由经济关系决定的，是以法律形式表现的社会经济生活条件，其的目的是为了保护、巩固、发展统治阶级的经济政治利益。就宗教、哲学与经济基础的关系而言，

---

① 《马克思恩格斯选集》第 4 卷，人民出版社 2012 年版，第 265 页。

宗教和哲学是更高的、更远离经济基础的意识形态，社会经济条件虽然并不直接对它们产生影响，却能通过国家、政治、法律等中间环节对哲学、宗教发生作用。国家、法、哲学和宗教等上层建筑，都是由经济基础决定的，它们又反过来对经济基础产生影响。当然，这种理解范式不是僵化的、封闭的，而是开放的，对经济基础的作用只是在归根结底的意义上使用，并不排除综合运用其他各种其他因素对社会现象进行分析的可能。正如恩格斯后来所言："根据唯物史观，历史过程中的决定性因素归根到底是现实生活的生产和再生产。无论马克思或我都从来没有肯定过比这更多的东西。如果有人在这里加以歪曲，说经济因素是唯一决定性的因素，那么他就是把这个命题变成毫无内容的、抽象的、荒诞无稽的空话。经济状况是基础，但是对历史斗争的进程发生影响并且在许多情况下主要是决定着这一斗争的形式的，还有上层建筑的各种因素。"① 这就表明，"马克思主义基本原理是普遍真理，具有永恒的思想价值，但马克思主义经典作家并没有穷尽真理，而是不断为寻求真理和发展真理开辟道路"②。马克思主义对真理的开放态度，要求马克思主义理论家和活动家坚持实事求是、与时俱进地推动马克思主义哲学的发展。

---

① 《马克思恩格斯选集》第 4 卷，人民出版社 2012 年版，第 604 页。
② 《习近平谈治国理政》，外文出版社 2014 年版，第 26 页。

《费尔巴哈论》对社会历史发展规律和动力的阐述，为人们认识世界和改造世界提供了科学的方法论。生产力与生产关系、经济基础与上层建筑的矛盾互动，是推动社会发展根本动力，任何时代的任何人们都不可能绕开这一客观规律。当然，人们在历史发展中并不是无能为力的，相反，历史的运动和历史的规律正是因为人的参与的结果，广大人民群众是创造历史、推动社会变革的主体。如果群众或某个阶级在经济社会的内在运动中认识到自身的使命和责任，从"自在"状态进入"自为"状态，就可以形成改变历史的力量。这一原理要求人们在社会实践的过程中，必须科学认识并尊重社会历史发展的规律，不要实施完全超越生产力发展阶段的生产关系改革、不要建立与经济基础完全不符的政治法律制度、不要推行与世情国情社情完全脱离的政策，不要从事违反广大人民群众根本利益和根本愿望的行为。概言之，既尊重人类社会发展规律、准确判断社会发展阶段、科学把握社会主要矛盾，又坚持以人民为中心、尊重人民首创、发挥人民智慧、凝聚人民力量，是有效地推动社会进步的基本原则。

总之，作为系统阐述马克思主义哲学体系的重要著作，《费尔巴哈论》对马克思主义哲学的思想来源、实践基础、自然科学依据以及辩证唯物主义和历史唯物主义基本原理进行了全面、深刻、系统的阐述，为无产阶级及其政党提供了科学世界观和方法论，为世界社会主义运动和国际共产主义运动提供了思想武器和行动指南。正如列宁指出，这部马克思主义哲学史上的光辉文献"同《共产党宣言》一样，都是每个觉悟工人必读的书籍"①。

---

① 《列宁选集》第二卷，人民出版社 2012 年版，第 310 页。

第十章

《路德维希·费尔巴哈和德国古典哲学的
终结》的思想影响力

　　理论的科学性和彻底性，终将付诸实践而成为现实。对马克思主义哲学体系的系统总结与深刻阐释，使得《费尔巴哈论》产生了深刻的影响。正如列宁所说："马克思和恩格斯最坚决地捍卫了哲学唯物主义，并且多次说明，一切离开这个基础的倾向都是极端错误的。在恩格斯的著作《路德维希·费尔巴哈》和《反杜林论》里最明确最详尽地阐述了他们的观点，这两部著作同《共产党宣言》一样，都是每个觉悟工人必读的书籍。"①《费尔巴哈论》甫一问世，就得到了世人的普遍关注与广泛传播，至今仍具

_____

① 《列宁选集》第 2 卷，人民出版社 2012 年版，第 310 页。

有重要的思想影响与实践意义。

第一节 马克思与恩格斯的思想关系

诚如恩格斯所言："德国的工人运动是德国古典哲学的继承者。"①《费尔巴哈论》的问世，厘清了马克思主义哲学与德国古典哲学之间的错综复杂关系，势必有助于工人运动的思想武装。但与此同时，一些争议也不免相伴而生，给《费尔巴哈论》思想的传播带来一定的阻碍。其中亦不乏时至今日仍然存在的绝对化、极端化的论断，如"马克思和恩格斯对立说"：此说法将恩格斯对马克思主义哲学的体系建构，诋毁为对马克思思想的一种"倒退"甚至"背叛"。

事实上，恩格斯甫一用思维和存在何为第一性来区别唯物主义和唯心主义时，就遭到了修正主义者的强烈反对。伯恩施坦将存在第一性和思维第二性说成是空论，并且据此提出"回到康德"的思想路线，通过"绝对命令""价值""目的""人性"等"完善"马克思主义，从而构建一种"伦理社会主义"。此外，对比《关于费尔巴哈的提纲》，有人认为《费尔巴哈论》缺乏实践的维度，

---

① 《马克思恩格斯选集》第 4 卷，人民出版社 2012 年版，第 265 页。

只是以物质即自然为中心的考察，以致把能动的"新唯物主义"降低到简单的机械唯物主义的程度；个别人"诟病"恩格斯在谈论自然规律和自然辩证法时，沦为了形而上学者；还有人质疑恩格斯对《关于费尔巴哈的提纲》的修改毫无意义，等等。从《费尔巴哈论》的主要内容来看，以上说法显然是站不住脚的。

如果彻底反驳新康德主义和新黑格尔主义，全面阐释唯物史观，就必须厘清马克思主义哲学与德国古典哲学之间的关系。这是马克思和恩格斯的共同夙愿。在《费尔巴哈论》中，恩格斯首先通过回溯德国古典哲学的发展史，指明了黑格尔辩证法的革命性质及其内在矛盾，论证了黑格尔哲学解体和费尔巴哈哲学出现的必然性。尔后，他提出了全部哲学的重大基本问题，批判了施达克评述费尔巴哈哲学的错误标准，分析了费尔巴哈哲学的进步性和局限性。恩格斯认为，费尔巴哈在自然观上虽然是唯物主义的，但在历史观、宗教观和伦理学上，由于对"抽象的人"的崇拜而"深陷"于唯心主义。最后，恩格斯对马克思主义哲学体系进行了全面总结，阐释了马克思主义哲学创立的伟大变革意义。从上述内容来看，这与《关于费尔巴哈的提纲》的基本思路是相一致的。

把恩格斯的自然观归结为简单的机械唯物主义的做法，也是武断的、断章取义的。恩格斯在《费尔巴哈论》中所说的自然，其含义为以实践活动为中介的自然界。哪怕强调自然界与人类社会之间的严格区分之时，也意指人们生活在其中的自然界，也就是区别于人的关系的物的关系，而不是纯粹的、与人的活动毫不相干的自然界。这个随着实践活动而变化的自然，足以证明恩格斯绝非简单的机械唯物主义者。

不仅如此，恩格斯的自然观中还有关于自然规律的探讨。早在《德意志意识形态》中，恩格斯即已和马克思一道，确立起以人的感性活动而不是实体的自然即环境作为历史研究的出发点，并使之成为历史唯物主义和全部旧唯物主义的区别。到了《关于费尔巴哈的提纲》中，马克思直接批判了旧唯物主义的环境决定论。在否认绝对真理的不可能性的同时，马克思和恩格斯都主张存在一定的不能历史化的自然规律。从某种意义上来说，这种自然规律是历史规律的前提。一方面，历史领域中没有永恒的规律，在特定条件不变的情况下，历史规律具有客观必然性即近自然性；另一方面，一些自然规律非但无法历史化，反而随着人类实践活动的扩大而成为历史的边界。这种对自然规律的强调，表明恩格斯坚持辩证的思维方式。

实现辩证法与唯物主义的结合，并将其推广到包括自然界、社会历史和人类思维等在内的一切领域，是马克思和恩格斯的"新唯物主义"的独到而深刻之处。恩格斯在《费尔巴哈论》中指出，揭示现实中的各种联系以清除哲学家头脑中臆造的联系，而不是诉诸黑格尔的绝对观念，方为发现在社会历史中起作用的规律的真正途径。"历史事件似乎总的说来同样是由偶然性支配着的。但是，在表面上是偶然性在起作用的地方，这种偶然性始终是受内部的隐蔽着的规律支配的，而问题只是在于发现这些规律。"① 黑格尔并不满足于对历史事件的记载和描述，力图探寻历史现象背后的本质，却只找到了绝对观念。相反，和马克思一样，恩格斯则把个人的历史活动的根本动因，归结为经济的发展和物质利益的冲突。

值得注意的是，恩格斯于 1888 年发表《费尔巴哈论》时，曾对马克思《关于费尔巴哈的提纲》作了 60 多处修改，主要包括技术性的修订（拼写错误、标点符号、连接词、缩写词和冠词的改动和完善）、着重用词的调换、个别句子的更改。其中，技术性修订的部分，是与马克思的原义保持高度一致的。例如，第五条中，"费尔巴哈不满意抽象的思维而喜欢直观"②，被改为了"费尔巴哈不满意抽象的思维而诉诸感性的直观"③。相较于"喜欢"一词，"诉诸"一词在书面表达上更为正式；"感性的直观"则和"抽象的思维"，构成了形式工整的对应。如此一来，马克思所要说明的问题——费尔巴哈哲学在摆脱黑格尔哲学的抽象思维后，却由于注重感性直观而回到旧唯物主义阵营，得到了清晰

---

① 《马克思恩格斯选集》第 4 卷，人民出版社 2012 年版，第 254 页。

② 《马克思恩格斯选集》第 1 卷，人民出版社 2012 年版，第 133 页。

③ 《马克思恩格斯选集》第 1 卷，人民出版社 2012 年版，第 137 页。

的呈现。

在着重用词的调换部分中，只修改着重部分的位置而不改变用词的内容，也可以说是与马克思原义具有高度一致性的。其余修改用词并继续加以着重的两处，即第一条中的"感性的人的活动"改为"人的感性活动"①，以及第三条中的"革命的实践"改为"变革的实践"②，彰显出马克思和恩格斯在表达习惯上的细微差异，绝非根本的不同。具体来说，青年马克思喜欢用"感性"作修饰词，如"感性的自然界""感性的外部世界""感性的对象"等。这里的"感性的人的活动"显然是一个整体的名词，也就是"感性"作为"人的活动"的定语，而不是用"感性的人"作"活动"一词的定语。出于读者不易于接受过于哲学化的表达，以及他本人简洁明快的行文方式，恩格斯在没有违背马克思原义的前提下，使用了"人的感性活动"一词。

恩格斯对个别句子的更改情况则较为复杂一些，既有和马克思保持高度一致的内容，又有存在细微差别乃至少数明显不同的地方。其中，之所以有个别显著差异之处，就在于马克思和恩格斯各自所擅长领域的相异，从恩格斯对《关于费尔巴哈的提纲》第三条手段的修改中可见一斑。

在马克思的原文中，整个旧唯物主义的环境决定论者、18

---

① 《马克思恩格斯选集》第 1 卷，人民出版社 2012 年版，第 133、137 页。

② 《马克思恩格斯选集》第 1 卷，人民出版社 2012 年版，第 134、138 页。

世纪的法国唯物主义者，皆为批判的对象。到了恩格斯那里，却单独加上了"（例如，在罗伯特·欧文那里就是如此）"①。众所周知，欧文属于英国空想社会主义者，根本不在 18 世纪法国唯物主义者的行列。恩格斯的这种做法看似对马克思原义有误解，实则具有一定的合理性。早在马克思和恩格斯合著的《神圣家族》中，就已经指明 18 世纪法国唯物主义者和英国空想社会主义者的内在一致性："比较有科学根据的法国共产主义者德萨米、盖伊等人，像欧文一样，也把唯物主义学说当做现实的人道主义学说和共产主义的逻辑基础加以发展。"② 诚然，在旧唯物主义的理解方面，恩格斯不如马克思那般深刻。但是，他对英国空想主义有着全面的把握。在不违背马克思原义的情况下，恩格斯用其擅长领域中的代表人物为例证，作补充性的说明，不失为合情合理的做法。

究其实，为了使读者更好地理解马克思主义哲学的变革意义，尤其是和费尔巴哈哲学的本质区别，恩格斯才对《关于费尔巴哈的提纲》作一些具体细节上的修订和完善。正是由于以大众化的方式，准确地表达了马克思和恩格斯的"新唯物主义"，《关于费尔巴哈的提纲》和《费尔巴哈论》一道，才在世界范围内广为流传。

---

① 《马克思恩格斯选集》第 1 卷，人民出版社 2012 年版，第 138 页。
② 《马克思恩格斯文集》第 1 卷，人民出版社 2009 年版，第 335 页。

第二节 《路德维希·费尔巴哈和德国古典哲学的终结》的世界传播

明确了马克思与恩格斯的思想关系之后，再来看《费尔巴哈论》在世界范围内的传播情况。《费尔巴哈论》单行本出版仅一年之后，彼得堡《北方通报》杂志 1889 年第 3 期和第 4 期上，便刊登了这部著作的俄译文，只是将题目改为"德国古典唯心主义哲学的危机"而已。尔后，短短数年（1890—1894）之间，《费尔巴哈论》又先后被译为波兰文、保加利亚文、葡萄牙文和法文等。其中，备受恩格斯关注的当属拉法格翻译的法文版。他曾多次专门致信左尔格和考茨基等人，告知《费尔巴哈论》法译之事宜，并对拉法格的译文予以赞许（"忠实而流畅"[①]）。在东方，《费尔巴哈论》日译本于 1927 年即已面世，并且对《费尔巴哈论》在中国的传播和译介，起到了重要的作用。

相比而言，《费尔巴哈论》英文版出现得要晚一些。1917 年，《费尔巴哈论》英文节译本，以"费尔巴哈：社会主义哲学根源"为题公开问世。此后直至 1936 年，《费尔巴哈论》英文全译本才开始在伦敦和纽约出版。与此同时，该版本的编译者杜德，还将

---

① 《马克思恩格斯全集》第 39 卷，人民出版社 1974 年版，第 190 页。

马克思和恩格斯关于辩证唯物主义的几篇重要著述收录其中。此后，《费尔巴哈论》在英美世界的传播中，还出现了以下几个主要英文全译本，即由刘易斯翻译的 1941 年纽约版和拉斯克所编译的 1946 年的纽约版①。

在《费尔巴哈论》的广泛传播过程中，俄国具有极其重要的意义。1883 年 9 月 25 日，德国首个马克思主义团体"劳动解放社"在日内瓦成立。鉴于当时的一些社会主义读物，难以满足革命知识分子确立现代社会主义世界观的首要需求，在普列汉诺夫的倡议下，劳动解放社着手出版《现代社会主义丛书》，旨在以将马克思和恩格斯的重要著作译为俄文的方式，传播科学社会主义理论。《费尔巴哈论》就包括其中。需要指出的是，劳动解放社翻译出版马克思和恩格斯著作的做法，曾经得到了恩格斯的充分肯定，被其称之为"委托出版的唯一的侨外俄国革命团体"②，并且给予了推选著作和答疑解惑等扶持性工作。

1905 年 5 月，由普列汉诺夫翻译并撰写序言的《费尔巴哈论》俄文版，收录于《现代社会主义丛书》中正式问世。在翻译

---

① 参见［美］尤班克斯：《马克思恩格斯著作目录和马克思主义参考书目》，叶林等译，书目文献出版社 1987 年版，第 44—45 页。

② ［苏］列宁：《马克思和恩格斯著作的发表和出版》，生活·读书·新知三联书店 1975 年版，第 136 页。

这一著作的过程中，普列汉诺夫即已认识到《费尔巴哈论》的理论地位和现实作用。他指出，从历史意义和思想内容上来看，马克思和恩格斯运用辩证唯物主义反对唯心主义的斗争，都是非常重要的。"目前它在俄国仍然可以起巨大的作用，因为在俄国，甚至连最进步的著作家对社会生活仍然顽固地坚持唯心主义的观点。"① 不仅如此，他还把《费尔巴哈论》的主题之一，即思维与存在的关系问题，归结为唯物主义历史观的基础和批判黑格尔唯心主义的重要结果。当然，普列汉诺夫对《费尔巴哈论》的译介中，也存在一定的问题，特别是立场和观点上的错误。例如，把马克思和恩格斯的"新唯物主义"解释为独特的斯宾诺莎主义，认识论上的象形文字说带有康德主义色彩。

伴随着十月革命的胜利和苏维埃政权的建立，《费尔巴哈论》在俄国的传播和研究进入了全面发展阶段。1920 年 12 月成立的马克思恩格斯研究院，专门以整理、保存、研究和出版马克思和恩格斯的著作为主要任务。在由该研究院编辑出版的《马克思恩格斯全集》俄文第一版和第二版、《马克思恩格斯文库》和《马克思恩格斯文选》中，《费尔巴哈论》均收录进去。此外，苏联国家政治书籍出版社还于 1948 年发行了《费尔巴哈论》俄文单

---

① 《普列汉诺夫哲学著作选集》第 1 卷，生活·读书·新知三联书店 1961 年版，第 503 页。

行本，被部分学者誉为"最准确的俄文译本"①。

在俄国《费尔巴哈论》研究的诸多成果中，列宁的评价和分析颇具经典意义。他不仅将《费尔巴哈论》看作是恩格斯最明确阐释和捍卫其唯物主义观点的代表著作，以及每个觉悟工人的必读书籍，而且充分依据《费尔巴哈论》的基本观点，进行主要哲学流派的评判和哲学基本问题的论述，通过批判当时流行的用自然科学证伪马克思主义哲学的错误思潮，实现了马克思主义哲学的进一步丰富和发展。举凡：强调"全部哲学的最高问题"，作为哲学上的基本派别和两大阵营——唯物主义和唯心主义——的划分依据②；厘清了马克思和恩格斯与费尔巴哈之间的思想关系，并论证了哲学的党性原则问题③；以思维与存在的关系问题为标准，批判马赫主义的"纯粹康德主义的唯心主义"特征及其症结，即"理性、思维、意识在这里是第一性的，自然界是第二性的"④；在充分肯定恩格斯的哲学贡献的同时，还指明了其不足在于"没有详细考察德国新康德主义和英国休谟主义的许许多多小流派，而根本否定它们的背弃唯物主义的基本立场"⑤，等等。

---

① ［苏］列宁：《马克思和恩格斯著作的发表和出版》，生活·读书·新知三联书店 1975 年版，第 201 页。

② 参见《列宁选集》第 2 卷，人民出版社 2012 年版，第 73 页。

③ 参见《列宁选集》第 2 卷，人民出版社 2012 年版，第 240 页。

④ 《列宁选集》第 2 卷，人民出版社 2012 年版，第 123 页。

⑤ 《列宁选集》第 2 卷，人民出版社 2012 年版，第 230 页。

目前，马克思和恩格斯著作在学术界影响较大的几个版本，主要有《马克思恩格斯著作集》德文版、《马克思恩格斯全集》英文版和《马克思恩格斯全集》历史考证版。其中，德文版的《马克思恩格斯著作集》主要是根据马克思和恩格斯的原文刊印的，《费尔巴哈论》收录到该著作集的第 21 卷。在《马克思恩格斯全集》英文版 26 卷中，不仅收录了《费尔巴哈论》，还有编者专门撰写的前言，对这部著作的主题，如哲学重大基本问题、唯物主义和唯心主义的斗争及其发展规律、马克思主义对德国古典哲学的态度、马克思主义哲学的本质与特质等，进行了简要的总结。《费尔巴哈论》的最权威译本，当属《马克思恩格斯全集》2011 年历史考证版第 I 部分第 30 卷"正文卷"，与这部著作相关的准备材料则收录于改卷的"资料卷"中。

基于最新的权威资料，国外《费尔巴哈论》研究取得了一些进展，特别是结合恩格斯晚年著作《反杜林论》《自然辩证法》进行探讨，形成了多维度的阐释。诸如：马克思与恩格斯的思想关系，特别是恩格斯哲学在马克思主义哲学中的作用；《费尔巴哈论》与《关于费尔巴哈的提纲》的比较研究；以哲学重大基本问题为标准来论证马克思主义哲学的特质；关于社会发展中的"合力论"和哲学重大基本问题的历史应用；根据德国古典哲学之于马克思主义哲学创立的作用，来评判前者的思想史地位，等等。经典著作常读常新，《费尔巴哈论》的丰富思想及其当代价值仍然值得深入挖掘。

第三节 《路德维希·费尔巴哈和德国古典哲学的终结》与当代中国

马克思主义与当代中国的命运紧密相连，不论是中国的革命、建设和改革，都由于马克思主义的科学性及其指导作用而不断取得胜利。对此，经典著作作为马克思主义理论体系的载体在中国的传播，起到了极其重要的作用。在传入中国的马克思主义经典著作，《费尔巴哈论》是受到普遍关注和中文译本较多的文本之一。

20 世纪 20 年代末，《费尔巴哈论》中译本即已问世。截至 20 世纪 30 年代末，先后出现了以下几个具有影响力的中译本：（1）林超真（郑超麟）的译本《费儿巴赫与德国古典哲学末日》，其翻译蓝本主要为拉法格等人的法译本，载于上海沪滨书局 1929 年出版的《宗教·哲学·社会主义》；（2）彭嘉生的译本《费尔巴哈论》，主要根据董克尔编辑的德文版所译，于 1929 年由上海南强书局出版；（3）向省吾的译本《费尔巴哈与古典哲学的终结》，由上海江南书局于 1930 年 4 月出版；（4）青骊的译本《费尔巴哈论》，参照黎维奥斯丁的英文版进行转译并采取中英文对照的编排方式，在 1932 年 11 月由上海社会主义研究社发行。(5) 张仲实的译本《费尔巴哈论》，由上海生活书店 1937 年 12 月发行，并在 1938 年 2 月和 4 月两次再版。此外，20 世纪 40 年代末还有曹真的译本《费儿巴赫》。该书由上海文源出版社出版，书中虽附有《费儿巴赫论纲要》（马克思《关于费尔巴哈的提纲》），却没有恩格斯为《费尔巴哈论》所写的序言。

在上述中译本中，彭嘉生的译本资料详实、颇具研究价值。译者不仅为每一部分加上了小标题，即"从黑格尔到费尔巴哈""观念论与唯物论""费尔巴哈的宗教哲学及伦理学""辩证法的唯物论"；还收录了马克思的《费尔巴哈论纲》（《关于费尔巴哈的提纲》）和《法兰西唯物史论》（《神圣家族》第六章"对法国唯物主义的批判的战斗"）、恩格斯的《费尔巴哈论》补遗、《史的唯物论》（内容摘编于《社会主义从空想到科学的发展》）和《马克思的唯物论及辩证法》。

张仲实的译本则是影响较大的一个中译本。除了附有马克思《关于费尔巴哈的提纲》，该书还在前面加上了译者序言和两篇介绍专文《伟大的哲学家》《费尔巴哈与新兴哲学》。1949 年 9 月，根据《马克思恩格斯文选》1948 年俄文版校正后，张仲实的译本改名为"费尔巴哈与德国古典哲学的终结"，由北京解放出版社重印发行。中华人民共和国成立后，张仲实的译本又多次校订出版。例如，依据《马克思恩格斯全集》第 3 卷和第 21 卷进行了修订后，该书于 1964 年 6 月由人民出版社发行，书后附有普列汉诺夫为《费尔巴哈论》俄译本所写的序言和注释等。

中华人民共和国成立后，在《马克思恩格斯全集》中文 1 版和 2 版、3 个版本的《马克思恩格斯选集》和 2009 年版的《马克思恩格斯文集》中，均收录有《费尔巴哈论》，其重要性由此可见一斑。与此同时，《费尔巴哈论》单行本也不断进行着校订和重印。各种中文翻译版本的变化看似简单，实则凝结着中国人接受和发展马克思主义的复杂过程和不断创新。

以"Ausgang"一词中译名的反复探讨为例。根据上海译文出版社 1999 年出版的《新德汉词典》，该词的含义有"结果""结束""开端""末端""出口"等。《费尔巴哈论》的中译文通行本，一直沿用"终结"的译法。这种译法极容易使读者形成这样的理解：德国古典哲学特别是观念论哲学，随着马克思主义哲学的创立而结束了，甚至没有任何哲学可言。然而，恩格斯本人却在《费尔巴哈论》中，同时阐明了德国古典哲学于终结之处的新出路："德国人的理论兴趣，只是在工人阶级中还没有衰退，继续存在着。在这里，它是根除不了的。"① 随着哲学的使命从解释世界转变为改变世界，作为社会变革的德国工人运动，就成为了德国古典哲学继承者。据此，应该将"Ausgang"译为"出路"更

---

① 《马克思恩格斯选集》第 4 卷，人民出版社 2012 年版，第 265 页。

合适一些，著名哲学家贺麟先生就持这种观点。人们尽管目前仍采用"终结"的译法，但对它的内涵的认识已经有了与恩格斯本人相一致的看法。

更为重要的是，《费尔巴哈论》在中国的传播，始终与分析和解决中国现实问题相伴随。自《费尔巴哈论》传入中国之时起，先进知识分子就把它作为马克思主义哲学的重要载体，来分析中国的社会现实。中华人民共和国成立初期，如何运用马克思主义哲学，观察和处理社会主义革命与社会主义建设中的问题，总结国内外相关经验教育，总结社会主义建设规律，成为主要的时代课题。在上述过程中，关于思维与存在的同一性问题的讨论，是中华人民共和国成立以来历时最长、规模较大、主题广泛的一次哲学论争。这场大讨论的缘起就在于，中央党校学员学习《费尔巴哈论》第二章时的争论。通过对思维与存在的同一性是否从来即为唯心主义命题、思维与存在之间有没有同一性、思维与存在的同一性是否和反映论对立等的深入论争，《费尔巴哈论》的思想内容得到进一步深化，其思想影响力愈发广泛。

到了改革开放时期，人们对《费尔巴哈论》的理解不断提升，就马克思与恩格斯的思想关系、哲学的重大基本问题、马克思与费尔巴哈的思想关系、德国古典哲学在何种意义上终结、《费尔巴哈论》与《关于费尔巴哈的提纲》的关系等问题，展开了更加深入的探讨。为人们正确运用其中蕴含的马克思主义哲学原理和方法论，奠定了坚实的理论基础。

随着中国特色社会主义进入新时代，掌握马克思主义哲学作为看家本领，努力使之转化为认识和解决当代中国问题的立场、观点和方法，总结新时代中国特色社会主义实践发展的内在规律，实现理论创新与实践创新的良性互动，是新时代坚持和发展中国特色社会主义的题中应有之义。正如习近平总书记所说："马克思主义哲学包括辩证唯物主义和历史唯物主义，是马克思主义立场、观点、方法的集中体现，是马克思主义学说的思想基础。……马克思主义哲学尽管诞生在一个半世纪之前，但由于它深刻揭示了客观世界特别是人类社会发展一般规律，被历史和实践证明是科学的理论，在当今时代依然有着强大生命力，依然是指导我们共产党人前进的强大思想武器。"[1]

在坚持和学习马克思主义世界观、方法论方面，习近平总书记不仅要求全党原原本本学习和研读马克思主义经典著作，而且躬身力行，反复研读和活学活用《1844年经济学哲学手稿》《共产党宣言》《政治经济学批判。第一分册》《资本论》《反杜林论》《费尔巴哈论》等。

对《关于费尔巴哈的提纲》中的辩证唯物主义原理及其时代

---

① 习近平：《坚持历史唯物主义不断开辟当代中国马克思主义发展新境界》，《求是》2020年第2期。

意义，习近平总书记曾专门做过深刻的阐释①。他指出，辩证唯物主义的认识论作为能动的反映论原理，决定了社会主义改革必须坚持解放思想、实事求是的思想路线；实践是检验真理的唯一标准的原理，主导了建立与完善社会主义市场经济理论以实践为标准；实践的革命性原理，指明了社会主义改革与建设的正确方向；人的本质在于一切社会关系的总和的原理，提供了认识和解决改革开放中的深层问题的方式；实践作为社会生活的本质的原理，揭示了不断从实践中创新是社会主义的生命力；等等。

在此基础上，习近平总书记进一步强调，在社会主义改革和建设中运用《关于费尔巴哈的提纲》原理指导实践，应注意处理好以下几个重要关系：要在社会主义市场经济的发展中正确处理好按照客观规律办事与充分发挥主观能动性的关系；要在社会主义改革中正确处理好加快经济体制转轨与巩固、发展社会主义制度的关系；要在建立社会主义市场经济体制的过程中正确处理好实践创新与正确实践的关系；要在社会主义改革和建设中正确处理好社会实践主体的责任和利益的关系；要在社会主义改革和建设中正确处理好务虚和务实的关系。

习近平总书记把学习马克思主义哲学，置于党的建设特别是思想建设更加突出的位置。第十八届中共中央政治局专门以历史

---

① 参见习近平：《略论〈关于费尔巴哈的提纲〉的时代意义》，《中共福建省委党校学报》2001 年第 9 期。

唯物主义基本原理和方法论、辩证唯物主义基本原理和方法论为题进行了两次集体学习。习近平总书记在这两次集体学习的讲话中提及原理和方法论，特别是唯物辩证法的根本方法，均能在《费尔巴哈论》中找到详细而深刻的论证。这启示着我们，既要不断回到马克思主义经典著作中汲取新的思想养分，又要掌握马克思主义哲学原理和方法论来分析与解决实践中的深层次难题。只有这样，才能够为马克思主义的创新和发展提供不竭动力，为奋力推进新时代中国特色社会主义事业持续向前发展贡献坚实力量。

附 录

《路德维希·费尔巴哈和德国古典哲学的终结》内容简释

	主要内容	思想细节	具体范围
1888 年单行本序言	《费尔巴哈论》的写作原因、历史背景和刊印情况	清算旧哲学信仰的夙愿	1—2 段
		回应思想争论的紧迫需求	3 段
		满足《新时代》编辑部的要求	4 段
		单行本付印前的情况说明	5 段
第一部分	关于黑格尔哲学的评判	黑格尔哲学的产生背景和实质	1—2 段
		黑格尔辩证法的"合理内核"及其革命意义	3—8 段
		黑格尔哲学体系与方法之间的矛盾	9—10 段
		黑格尔哲学的成就及影响	11—12 段
		黑格尔学派的解体和费尔巴哈哲学的形成	13—19 段

续表

	主要内容	思想细节	具体范围
第二部分	关于费尔巴哈唯物主义的评述	哲学重大基本问题和哲学发展的主要动力	1—7 段
		费尔巴哈唯物主义的合理性与局限性	8—20 段
		批判施达克混淆唯物主义和唯物主义的错误	21—27 段
第三部分	批判费尔巴哈的唯心主义历史观	揭露费尔巴哈宗教哲学的唯心主义实质	1—10 段
		驳斥费尔巴哈伦理学中的唯心主义错误	11—25 段
		剖析费尔巴哈唯心主义历史观的根源	26—27 段
第四部分	马克思主义哲学体系的系统阐释	马克思主义哲学的来源和基础	1—8 段
		马克思主义哲学体系的主要内容	9—25 段
		马克思主义哲学创立的伟大变革意义	26 段
		马克思主义哲学对工人阶级的精神武器作用	27—28 段
《关于费尔巴哈的提纲》	新世界观天才萌芽的首个文献	实践之于认识和改造世界的意义	1—3 条
		实践在社会历史领域中的作用	4—10 条
		马克思主义哲学的重大变革实质	11 条

《路德维希·费尔巴哈和德国古典哲学的终结》大事年表

1845 年

春天马克思撰写《关于费尔巴哈的提纲》，这是"包含着新世界观天才萌芽的首个文献"（恩格斯）。

1846 年

10 月中旬左右恩格斯研究费尔巴哈《宗教的本质》一书，写下了对费尔巴哈哲学进行批判的要点。

1851 年

4 月 2 日左右马克思在致丹尼尔斯的信中，批判了费尔巴哈的哲学观点，认为丹尼尔斯并未完全摆脱费尔巴哈的影响。

1885 年

6 月 13 日左右恩格斯认为，正确阐明关于马克思主义的哲学来源问题，并且揭穿把德国古典哲学同马克思主义对立起来的企图，是一个重要的任务。因此，他答应给《新时代》杂志编辑部写一篇关于费尔巴哈哲学的文章。

1886 年

4—5 月《新时代》杂志第 4 年卷第 4、5 期，发表了恩格斯的著作《费尔巴哈论》，阐明了马克思主义哲学同它的哲学先驱的关系，并考察了辩证唯物主义和历史唯物主义的基本问题。

5 月初鉴于社会主义者候选人在 5 月 2 日巴黎市镇选举中获得了大量选票，恩格斯写信给拉法格和李卜克内西，认为这是一个重大的胜利，它证明工人正日益摆脱资产阶级激进主义影响。恩格斯把载有《费尔巴哈论》的《新时代》杂志，以及附有他的导言的沃尔弗的小册子《西里西亚的十亿》一起寄给马尔提涅蒂。

1887 年

12 月初恩格斯把《费尔巴哈论》的手稿寄给德国社会民主党出版者狄茨，以便出版单行本，同时还把马克思在 1845 年写的《关于费尔巴哈的提纲》，作为附录收入该书寄给他。

1888 年

2 月 21 日恩格斯撰写《费尔巴哈论》的"序言"。

5 月上半月《费尔巴哈论》在斯图加特出版。

1889 年

《费尔巴哈论》俄文节译的内容，以"德国古典主义哲学的危机"为题，登载于彼得堡《北方通报》杂志第 3 期和第 4 期。

1890 年

3 月底至 4 月初恩格斯把《费尔巴哈论》寄给意大利社会主义哲学家拉布里奥拉。

1892 年

《费尔巴哈论》俄文全译本在日内瓦出版。

1893 年

12 月恩格斯审阅由拉法格翻译的《费尔巴哈论》上半部的法译文，并把他的意见寄给她。

1894 年

由拉法格翻译且经过恩格斯审校的《费尔巴哈论》法译文，在巴黎《新纪元》杂志第 4 期和第 5 期上公开发表。

1929 年

主要根据法国人董克尔编辑的德文版、书名为"费尔巴哈论"的中译本（彭嘉生译），由上海南强书局出版。

参照拉法格等人的法译本，由林超真翻译的《费尔巴哈论》中译本，以"费儿巴赫与德国古典哲学的末日"为题，载于《哲学·宗教·社会主义》，由上海沪滨书局发行。

1930 年

4 月，以德文《马克思主义文库》第 3 卷为主要蓝本，向省吾所翻译的《费尔巴哈论》中文全译本（题为"费尔巴哈与古典哲学的终结"），由上海江南书局印行。

1932 年

11 月，参照黎维奥斯丁的英文版，青骊转译的《费尔巴哈论》在上海社会主义研究社付梓。该译本采取中英文对照的编排方式。

1937 年

12 月，张仲实翻译的《费尔巴哈论》由上海生活书店出版。该书系《费尔巴哈论》中译本中影响较大的一个，曾多次校订印刷。

1965 年

9 月，《费尔巴哈论》收录于《马克思恩格斯全集》中文 1 版第 21 卷出版，并先后载于《马克思恩格斯选集》1972 年版第 4 卷和《马克思恩格斯选集》1995 年版第 4 卷。

2009 年

12 月，根据《马克思恩格斯全集》德文版第 21 卷翻译的《费尔巴哈论》，收录于《马克思恩格斯文集》第 9 卷出版。尔后，该书载于《马克思恩格斯选集》2012 年版。

2018 年

12 月，依据《马克思恩格斯全集》2011 年历史考证版第 1 部分第 30 卷，并参考《马克思恩格斯全集》德文版第 21 卷翻译，《费尔巴哈论》收录于《马克思恩格斯全集》中文 2 版问世。